EIN GOTT

復讐の

DER RACHE?

詩編を

FEINDPSALMEN VERSTEHEN

どう読むか

ERICH ZENGER

E. ツェンガー［著］　佐久間 勤［訳］

日本キリスト教団出版局

Ein Gott der Rache?
Feindpsalmen verstehen

by Erich Zenger
Copyright, 1998[2]

tr. by SAKUMA Tsutomu

Translated by Permission of
Verlag Herder GmbH,
Freiburg im Breisgau
Published by
The Board of Publications
The United Church of Christ in Japan
Tokyo, Japan

『復讐の詩編をどう読むか』に寄せて

小泉 健（東京神学大学教授）

　本書は、邦訳のタイトルが示しているように「復讐の詩編をどう読むか」に取り組んでいます。このテーマの背後には、わたしたちプロテスタントのキリスト者にとってもきわめて深刻な二つの課題があります。

1. わたしたちと旧約聖書

　第一の課題は、わたしたちは旧約聖書を「聖書」として読んでいるだろうか、という課題です。プロテスタントのキリスト者は「聖書のみによって」を旗印として聖書を重んじてきました。とりわけ日本のプロテスタントは「聖書主義」と言ってよいほどに、聖書に密着してきました。礼拝説教を通して聖書の言葉を深く学ぼうとし、聖書研究会に熱心に通い、日々の生活の中で聖書を読んでいます。

　しかし、旧約聖書はどうでしょうか。「旧約聖書も聖書ですか」と問われたら、「もちろんそのとおりです」と答えるでしょう。聖書通読の際には旧約聖書も読んでいるでしょう。しかし「50 年近い働きの中で、旧約聖書からは一度も説教しなかった」と語る牧師に出会ったことがあります。わたしたち自身はどうでしょうか。旧約聖書もまた、新約聖書と同じように慕わしい聖なる書物でしょうか。わたしを慰め、いやし、養う神の言葉でしょうか。

　幼い時から家庭や教会学校で旧約聖書に聞いてきた人と、成人してから

3

初めて旧約聖書に触れた人とでは、旧約聖書に対する思いにずいぶん違いがあるようです。幼い時から親しんできた人にすれば、旧約聖書は神の民の雄大な物語です。さまざまな信仰者たちが神に取り扱っていただく信仰の歴史です。世界と人間が存在する意味を知り、神がどのような御心をもって歴史を導いておられるかを知ることができます。信仰者として世界とどのようにかかわったらよいのかを教えられます。

　他方、成人して初めて旧約聖書を読み始めた人からすると、たくさんの戦いや争いや葛藤が語られていることが目につきます。深い嘆き、消えることのない憎しみ、目を覆いたくなる残虐な行為が出てきます。そこに登場しているのは、自分たちとは異なる種類の信仰を持っている人々であるように感じられ、さらには、そこで語られている神は、見知らぬお方であり、恐ろしいお方であるように思われてしまいます。どう読んだらよいのかわからなくなります。読むこと自体が怖くなってしまいます。

　旧約聖書につまずきを覚える人は、旧約聖書から顔を背けてしまうかもしれません。旧約聖書に親しんでいる人は顔を背けたりはしないでしょうが、「聖書」として読むというよりも「信仰書」として読んでしまっているかもしれません。

　本書でも触れられていますが、2世紀にマルキオンという人がいました。彼は、旧約聖書の神と新約聖書の神は別の神であると考えて、旧約聖書を拒否しました。そう聞くと、すぐにわたしたちは「マルキオンは間違っている。異端だ」と考えます。そのとおりです。しかし実際においては、旧約聖書を「聖書」として重んじることができていないことにおいて、わたしたちはマルキオンとさして変わらないのかもしれません。

2. わたしたちと詩編

　第二の課題は、わたしたちは旧約聖書の詩編をわたしたち自身の「祈禱書」として真剣に祈ることができているだろうか、という課題です。

　わたしたちはそもそも、詩編を祈禱書として、また賛美歌として用いる

という発想を持っていないかもしれません。しかし詩編はユダヤ教のシナゴーグにおいてだけでなく、キリスト教会においても、祈禱書として用いられてきました。

詩編には明らかに二通りの研究方法があります。一つは、他の箇所を研究する場合と同じように一つ一つの言葉を調べ、一つ一つの節の意味を確かめていく読み方です。しかし詩編にはもう一つ、詩編をそのまま祈ることを通して味わうという読み方があります。詩編を実際に祈ることなしに、その本当の意味を知ることはできないのです。

詩編はプロテスタントの礼拝において交読されます。かつての「交読文」は詩編以外の箇所を含んでいましたが、『交読詩編』の出版によって、「交読」とは詩編を読むための特別な方法であることがはっきりしました。礼拝で他の箇所を読むときには朗読者が朗読するのに、なぜ詩編だけは交読するのでしょうか。それは詩編が祈禱書であり、しかも神の民全体が祈るべき祈りの書物だからです。

宗教改革者カルヴァンは、音楽の力、賛美歌の力はとても大きいので、その歌詞をどのようなものにするかはよくよく吟味しなければならないと考えました。そして結局、聖書の言葉、とくに詩編をそのまま歌詞にする以上のことは考えられないとして、「ジュネーブ詩編歌」を生み出しました。『讃美歌21』には多くの詩編歌が収められ、わたしたちは礼拝において詩編の言葉によって賛美しています。

このように『交読詩編』や『讃美歌21』を通して、わたしたちは詩編を祈禱書として、また賛美歌集として、以前よりも多く用いるようになってきています。しかし、日々の祈りの生活においてはどうでしょうか。詩編によって祈っているでしょうか。「悲しいときにも喜びの人とともに喜びの祈りを、嬉しいときにも苦しむ人とともに苦しみの祈りを習う」ような用い方をしているでしょうか（沢田和夫『詩編からの祈り』中央出版社）。詩編の言葉を自分の祈りの言葉としつつ、詩編の中に復讐の詩編や呪いの詩編が含まれていることに、正面から取り組んでいるでしょうか。

一日の中で時を定めてささげる祈りを「時禱」と言います。朝拝と夕拝、

朝禱と晩禱といった言い方は時禱に由来しています。プロテスタントの教会でも回復して豊かに用いたい、教会の大切な伝統です。ローマ・カトリック教会ではこれを「聖務日課」と呼んで重んじてきており、さらに第二バチカン公会議に始まる典礼の刷新によって「教会の祈り」と呼ばれるようになりました。この「教会の祈り」の大きな部分を占めるのは詩編唱和です。それに、たとえば神のことば、答唱、福音の歌（詩編以外の聖書に由来する歌）、共同祈願、主の祈りなどが続きます。「教会の祈り」によって、詩編が毎日生き生きと祈られ続けているのです。

　典礼の刷新によって「教会の祈り」の聖務日課書も改訂されることになり、いくつかの詩編が取り除かれることになりました。そのままでは祈りにくい復讐の詩編が取り除かれてしまったわけです。本書の著者ツェンガーは、祈られなくなってしまった詩編があることを遺憾とし、異議申し立てをします。これは他人事ではありません。現行の「教会の祈り」でもわたしたちプロテスタントよりもずっと多くの詩編を祈っているというのに、祈られない詩編があることを真剣な信仰の問題としています。人間の思いで聖書を勝手に取捨選択するのでは、聖書を聖書とすることにならないというのです。わたしたちはどうでしょうか。わたしたちはこのように一つ一つの詩編を重んじ、それを自分の祈りとしているでしょうか。

3. 詩編を取り戻そう

　詩編を取り戻したいと思います。わたしたちの日々の祈りの中に。わたしたちの教会の礼拝の中に。ただ詩編を用いるだけでなく、詩編を深く受け取りながら、真剣に祈りたいと思います。詩編の言葉で祈ることによって、わたしたちの祈りがもっともっと大きくなるようにと願います。復讐の詩編をどのように理解するか。そしてどのように祈るか。この課題に取り組むことを通して、詩編を教会の祈禱書として真摯に受け取ることになります。ひいては、旧約聖書を聖書として誠実に耳を傾けることになります。

本書はこの課題に正攻法で取り組みます。復讐の詩編の言葉そのものをていねいに読み、深く思いめぐらします。つまずきに正面から立ち向かい、ここでしか聞き取ることができない言葉とその意味を受け止めていきます。

　そもそも、カトリックとプロテスタントの聖書神学は、かつては別々に営まれていましたが、今日ではほとんど違いがなくなっています。両者ともに誠実に聖書の言葉に取り組んでいるからです。たとえば、英語圏の代表的な注解書シリーズの一つである「アンカー・バイブル」やドイツ語圏の「EKK新約聖書註解」では、カトリック、プロテスタント双方の学者たちが執筆しています。本書には「教会の祈り」の改訂のことなど、プロテスタントの者たちにはなじみのないローマ・カトリック教会の状況も出てきますが、それは本書の考察が教会の現実に深く根差していることの反映なので、その部分も含めて本書から大いに学びたいと思います。詩編を取り戻すために、本書から得られる利益にはとても豊かなものがあります。

目　次

『復讐の詩編をどう読むか』に寄せて（小泉健）　……………… 3

凡　例　11

序　言………………………………………………………………… 13

1 章　多面的な問題 ………………………………………………… 17

人の感情を逆なでし、反感を呼び起こす詩編　17
『詩編の書』全体に見出される「敵」　26
キリスト教の名においてなされる抗議と拒絶　33
人道主義的倫理の名の下になされる反論　51

2 章　採用できない解決法 ………………………………………… 55

無視する、あるいは修正する　55
第二バチカン公会議での議論　60
1971 年のローマの決定　65
まったく説得力のない議論　69
敵に関する詩編と復讐の詩編の棘を抜く？　81

3 章　復讐の詩編自体に目を向ける ……………………………… 91

詩編 12 編　暴力を振るう人間の暴力に対する抗議　92

詩編 139 編　構造的暴力に対抗する情熱的な戦い　96

詩編 58 編　公正と正義を求める叫び　105

詩編 83 編　人々皆が反対して語る中での、神のための証言　112

詩編 137 編　無力な者に残されたもの　127

詩編 44 編　暴力の神というイメージの変貌　133

詩編109編　彼らは理由もなく私に挑みかかる──私は祈りとなる　140

4 章　敵に関する詩編・復讐の詩編の解釈 ……………… 151

「生者と死者を裁くために……」　152

要するにやはり「復讐の神」なのか　160

ダイナミックな世界のイメージか現実の世界観か　167

詩的な祈り　172

復讐の詩編──神の啓示？　178

5 章　実践のための帰結 ………………………………… 191

典礼の祈りにおいて嘆きをとりもどす　191

その詩が歌われた状況を理解した上で詩編を用いる　196

敵に関する詩編を正典として朗唱する　200

新たな祈りの言語への促し　205

訳者あとがき ……………………………………………… 209

装丁　桂川 潤

凡　　例

　本書が引用する聖書のテキストは、基本『聖書　新共同訳』から引用したが、必要に応じて原著に載っているテキストからの翻訳も用いている。

序　言

　聖書の詩編は私たちを敵対や暴力に満ちた世界に直面させる。詩編の祈り手たちはさまざまな顔を持った敵たちを前にして、恐怖の叫び声をあげる——とりわけ彼らの神に向かって。実に、彼らは神自身を敵として非難する。神自身が、彼らを恐怖におとしいれ圧迫するからである。詩編をもって祈り手たちは、恐怖心とそしてそこから浮かび上がる敵のイメージと戦う。「敵に関する詩編」は、攻撃的な敵のイメージが持つ破壊的な力を取り去り、建設的な力へと変容させるための一つの道である——これこそが本書の中心的主張であり、これこそが聖書文書の一つである詩編の特徴を、しかもキリスト教においてしばしば見誤られ軽んじられているその特徴を理解させるものとなろう。

　「敵のイメージ」への問いが人間論的そして社会的な中心的問いであるということは、「暴力」をテーマとする最近の研究においてさまざまに強調されてきている。その一例として、心理分析家テア・バウリードル（Thea Bauriedl）がその著作『暴力からの脱出——諸関係の分析』で述べていることを引用しよう[1]。

1　Thea Bauriedl, Wege aus der Gewalt. Analyse von Beziehungen, Herder, Freiburg [2]1993, S.19.28 f.

数年来ドイツ語圏では敵のイメージに関することが多く語られている。敵のイメージが戦争や暴力的な衝突の先駆けとなる危険について、そしてまた敵のイメージを破壊する必要性についても論じられてきた。だが、そもそも敵のイメージとは何だろうか。なぜ人はそれを必要とするのだろうか。個々人や集団のなかで、敵のイメージはどのように生じるのだろうか。心理的な、あるいは集団心理的な素因が人に備わっているために、敵のイメージがどんどん膨らんでゆくのだろうか。そして、そのような素因はどうして生じるのだろうか。そのような素因を改めることは可能なのだろうか。これらの問いすべては、政治的心理学ないしは政治的心理分析の問いである。そこにおける政治的心理分析の答えは、単に敵のイメージを破壊するように訴えるだけにとどまらない。なぜなら、その答えは一人ひとりの人間のなかで働いているメカニズムの理解に寄与するからである。対人関係における衝突への恐れがあまりに大きくなると、他の人たちと同様私たち自身においても敵のイメージが否応なく繰り返し生じるのだと私たちが理解するようになれば、他の人々を見下したり攻撃したりする必要もさほど感じなくなる。なぜなら、人間が恐れ（場合によっては、否応なく押しつけられた恐れ）の状態にいるときには、思い込みによって他の人々を見下したり敵愾心を燃やしたりするからである。それは、次のことを意味する。すなわち、そのようなメカニズムが働いていると理解できれば、一つの敵のイメージにうち勝つために別の敵のイメージを作り上げることなど必要ではない、ということだ。他人を見下したり敵愾心を燃やすことで不幸を引き延ばす代わりに、私たち自身と他の人々をこの不幸な状態から脱出させるための道を見出すのも、困難ではなくなるだろう。（中略）

敵のイメージを壊すのに重要なのは、ただ単に先入観を見つめ直したり、誤りを解明することだけではない。敵のイメージの意味内容は、むしろ敵のイメージを膨らませる人とその人の「敵」との間にある、非常に特定された関係形態を表すものである。時と場合によっては、このような「敵」が本当に危険なものであることは当然である。実に、そのような

関係で人はしばしば、真実、危険に晒されるからである。敵のイメージを特定の関係における表現として理解するなら、敵のイメージを解消するのに重要なのは、それが誤りの解明ではなく、関係の構造の変革である、ということになる。

　詩編は、人が苦しみ恐れる暴力を、関係における現象として表現する。詩文で表現された祈りである詩編は、言葉によって暴力を抑制する手段であり、暴力から逃れ出る道を敷くものである。すなわちこの祈りは、神の前で、つまり「復讐の神」として神に反抗し生命を破壊する暴力そのものの仮面を剝ぎ、かつ、暴力のない生というヴィジョンをしっかりと保つ神の前で歌われるものなのだ。言うまでもなく、聖書の詩編はこの神について語り、この神に向かって語りかける——しかも、人の感情を逆なでする仕方で、また、しばしば衝撃的な仕方で。とりわけ、いわゆる「呪いの詩編」という誤解を生みやすい呼称を持つ詩編は（実際は呪いなどではなく、心から絞り出された嘆き、願い、望みが、神に捧げられる詩編だ！）、多くのキリスト者にとって謎であり困惑の種である。そのため第二バチカン公会議後に行われた典礼改革で、教会で唱える『教会の祈り』（Stundengebet）[2]に入れるのはふさわしくないという理由で、全150編の中には『教会の祈り』の中に採り入れられなかった詩編もいくつか存在する。そして教導職[3]の乱暴な決定によって、個々の詩編の章句が削除されたために、多く

2　（訳注）1日のうちの一定の時刻にキリスト者が集まって、聖書朗読、詩編唱和、賛歌からなる祈りを唱えるキリスト教礼拝の一形式。従来は「聖務日課」（あるいは「聖務日禱」）と呼ばれ、教役者や修道者の務めとしてのみ一般に考えられていたが、第2ヴァティカン公会議に始まる刷新によって、古代にキリスト者の共同体が決まった時刻に集まって祈っていた伝統に立ち帰る意味で「時課の典礼」（〔ラ〕Liturgia Horarum）、または、神の民すべての共同の礼拝という意味で『教会の祈り』と呼ばれるようになった。その日本語版（1973）では、『教会の祈り』が公式名称とされた（『新カトリック大事典』研究社より引用）。
3　（訳注）カトリック教会の中心的使命である福音宣教を公的に秩序だって遂行する職務。最終責任は教皇と司教が負う。福音の「慰め」とともに「教え」の職務を「教導

15

の詩編がその詩的構造をずたずたにされてしまった。このような検閲は不必要であり、またとうてい受け入れられないこと、そしてその理由は何なのかということを、私は本書で示したい。何をおいても私が示したいのは、私たちが生きなければならない暴力の世界に絶望したり、落胆したりしないために、敵に関する詩編がいかに助けとなり得るかという解釈の道筋である。

　本書はまた、ミュンスター大学の旧約聖書／第一の契約[4]に関する歴史・宗教史セミナーでの、私の協働者たちの絶えざる誠実な支えなしには生まれなかった。ウルリケ・ホムベルク（Ulrike Homberg）氏、ベネディクト・ユルゲンス（Benedikt Jürgens）氏、レージ・コスロフスキー（Resi Koslowski）氏、イルゼ・ミュルナー（Ilse Müllner）氏、ヨハンネス・リーネッカー（Johannes Rienäcker）氏、そしてベッティーナ・ワーグナー（Bettina Wagner）氏には、出版原稿の準備のため協力してくれたこと、そして表現と内容をより精確にする助言を与えてくれたことを特別に感謝したい。

エーリッヒ・ツェンガー

職」（〔ラ〕Magisterium）と言う（『新カトリック大事典』参照）。

4　（訳注）本書の著者ツェンガーはこの用語によって、旧約は新約によって廃棄されたのではなく契約として一つであり、いわゆる「新約」に先立つ「第一の契約」であることを明示し、それによってキリスト教界に現存する反ユダヤ主義・反旧約主義に対抗するという立場に立つ（Erich Zenger, Das erste Testament. Die jüdische Bibel und die Christen, Patmos, Düsseldorf [2]1991 参照）。

1章　多面的な問題

人の感情を逆なでし、反感を呼び起こす詩編

「第一の契約の書〔旧約聖書〕」の詩編は、世界的な文学の詩文作品と肩を並べる優れたものである。詩編はその言語表現力とイマジネーションの力によって何世紀にもわたって人々の心を揺り動かし、神への嘆きと賛美、願いと感謝、疑念と理解の言葉として歌われてきた。聖書の詩編は、詩人や音楽家にインスピレーションを与えてきた。アントニン・ドヴォルザーク（Antonin Dvořák）の『聖書の歌』やイーゴリ・ストラヴィンスキー（Igor Strawinsky）の『詩編交響曲』、ハインリヒ・シュッツ（Heinrich Schütz）の詩編によるモテット、ルートヴィヒ・ヴァン・ベートーヴェン（Ludwig van Beethoven）の詩編による作品などは、聖書の詩編に備わった力から生まれてきたものである。そして、まさしく教会の「社会化」に汚染されていない人々——つまり、教会内の慣習的解釈や実践とは無縁な人々——は、かえって詩編の神髄に触れる経験をする。ルートヴィヒ・シュトラウス（Ludwig Strauss）の表現によれば、その経験とはこのようなものである。「聖書の詩は生命に溢れた空間である。樹齢を重ね、天上の風と語り合うオリーブの古木の木陰に入るように、あなたはそこに入るこ

とができる」[1]。

現代でさえ、詩人たちは繰り返しくりかえし「詩編」を創り続けている。宗教的叙情詩は現代詩として認められない。宗教的な叙情詩、ましてや〔聖書の詩編をモデルにした〕敬虔な模倣詩など考えられない（「キリスト教的詩人」は例外としても！）。とは言え、ベルトルト・ブレヒト（Bertolt Brecht. 詩集『アウグスブルク・ソネット』［1925-1927 年］）、パウル・ツェラン（Paul Celan. 詩集『誰でもない者の薔薇』に収められた「詩編」）、インゲボルク・バッハマン（Ingeborg Bachmann.『大熊座の呼びかけ』や『詩編』など）、そしてエルネスト・カルデナル（Ernesto Cardenal.『ラテンアメリカの詩編』）は、聖書の詩編に見られる形式の要素や隠喩（メタファー）を取り入れる。それは、伝統的な言語表現の約束事が壊された現状を前にして、新しい言語表現、つまり社会批判、文化批判、宗教批判を表現するための新しい言語ならびに真性な表象を探すためであるが、同時に彼らは、詩編の中に息づき、決して尽きることのない詩の可能性を作品のなかで証明している。

とりわけ神の民イスラエルは、詩編によってそして詩編においてそのアイデンティティーと生命力を保ち続け、（キリスト者によるものも含め）彼らを殲滅しようとするどのような企てもすべて失敗に終わった。キリスト教の神学や信仰生活の歴史においても、詩編は独特の地位を占めている。新約聖書には「第一の契約の書」からの直接の引用や適用が散見されるが、その最たるものがイザヤ書、そして詩編なのである。詩編はかなり早い時期より、修道院の祈り、さらにはキリスト者個々人の祈り（信仰生活）において価値あるものとされてきた。詩編ならびに、それにインスピレーションを得た「詩編的唱歌」は、偉大な宗教改革者たちとその改革諸教会において、〔改革の〕綱領を表す詩的テキスト、あるいは闘いのための〔プロパガンダ的〕テキストとして用いられた。詩編の章句

1　K. Marti, Die Psalmen 42–72. Annäherungen, Stuttgart 1992, 5 による引用。

は堅信式[2]で司式者が〔堅信を受ける者に〕授ける信仰生活の指針の文として使われた。また死亡広告に詩編の章句を書き添えることも稀ではなかった。第二バチカン公会議前後になされた全教会で用いられる『教会の祈り』(Stundengebet)[3]の改革に関する議論において、非常に短時間のうちに一つの共通理解（コンセンサス）ができあがった。それは、詩編を『教会の祈り』の本質的部分として保ち続けるべきである、という共通理解である。

　もっとも、詩編全般または多くの個々の詩編が感激や同意を〔人々に〕与え続けてきたとは言え、いくつかの詩編に対する反感（そしてその結果として詩編全体に対する反感）の声がなかったわけではない。この反感は公会議前と公会議中の議論において明白に提起された（それについては以下の2章の「第二バチカン公会議での議論」[60頁以下]を参照されたい）。だが、それに尽きるのではない。「こんなにも美しい詩編の書にも残念ながら美的欠点があるが、それはキリスト教的な寛容さでもって、あるいは単純にキリスト教的な判断によって目をつむるほかない」——不都合な詩編に対し、牧会的配慮や助言の名のもとに、このような弁解がお決まりのように持ち出される。私自身、詩編朗読の際に自然法則にも似た規則性をもって以下のことを経験したのである。すなわち、私は朗読後しばらくして（大抵はむしろ朗読と同時に）、いわゆる呪いの詩編や報復の詩編に関する問い、あるいはまさに詩編の直接引用に関する以下のような問いに、神学的に熱意をもって取り組まなければならない、と思わされたのである。その問い

2　(訳注)「堅信の秘跡」は日本ハリストス正教会では「傅膏機密」と呼ばれ、「塗油、もしくは按手を伴う塗油によって授けられる秘跡。洗礼、エウカリスティアとともに入信の秘跡をなす。洗礼によって『教会に合体され、霊印をしるされてキリスト教の礼拝にあずかるよう委任を受け、神の子として新たに生まれたものであり、神から教会を通して受けた信仰を人々の前で宣言する義務を負う』者が、この堅信によって『より固く教会に結ばれ、聖霊の特別な力でいっそう強められて、キリストの真の証人として、ことばと行いをもって信仰を広めかつ擁護するよう、より厳しく求められる』(第2ヴァティカン公会議『教会憲章』11項)」(『新カトリック大事典』参照)。
3　「序言」の注2参照。

とは、「(ユダヤ人としてでもなく人間としてでもなく、まして暴力の被害者としてでもなく)キリスト者としてそのように祈ってもよいと本当に考えているのか?」というものである。

次に引用する詩編の章句にあるようなことを、「神の言葉」としてあるいは教会権威から推奨される祈りとして、唱えたり黙想したりするときに、反発を感じたり、とても理解できないと思ったり、とうてい祈りにならないと拒絶したりするとしても仕方ないだろう。

問題を明らかにするために、七つの例——この数はさらにふやすことができよう——を引用しよう。もっとも、反発や不理解、拒絶を招く原因は翻訳にもあるだろう。だがそれ以上に複雑な問題があることを、後の章でさらに詳しく論じていくつもりである[4]。

〈例1〉 詩編5編5-7節

(口語訳聖書では4-6節)

あなたは悪しき事を喜ばれる神ではない。

悪人はあなたのもとに身を寄せることはできない。

高ぶる者はあなたの目の前に立つことはできない。

あなたはすべて悪を行う者を憎まれる。

あなたは偽りを言う者を滅ぼされる。

主は血を流す者と、人をだます者を忌みきらわれる。

(新共同訳聖書)

あなたは、決して逆らう者を喜ぶ神ではありません。

悪人は御もとに宿ることを許されず

誇り高い者は御目に向かって立つことができず

---

4 (訳注)以下の原著が挙げている翻訳の例については、原著が引用するドイツ語聖書から翻訳する代わりに、『口語訳聖書』と『聖書 新共同訳』から引用した。

悪を行う者はすべて憎まれます。

主よ、あなたは偽って語る者を滅ぼし

流血の罪を犯す者、欺く者をいとわれます。

〈例2〉詩編41編11-12節

（口語訳聖書では10-11節）

しかし主よ、わたしをあわれみ、

わたしを助け起してください。

そうすればわたしは彼らに報い返すことができます。

わたしの敵がわたしに打ち勝てないことによって、

あなたがわたしを喜ばれることを

わたしは知ります。

（新共同訳聖書）

主よ、どうかわたしを憐れみ

再びわたしを起き上がらせてください。

そうしてくだされば彼らを見返すことができます。

そしてわたしは知るでしょう

わたしはあなたの御旨にかなうのだと

敵がわたしに対して勝ち誇ることはないと。

〈例3〉詩編58編7-12節

（口語訳聖書では6-11節）

神よ、彼らの口の歯を折ってください。

主よ、若いししのきばを抜き砕いてください。

彼らを流れゆく水のように消え去らせ、

踏み倒される若草のように衰えさせてください。

また溶けてどろどろになるかたつむりのように、
時ならず生れた日を見ぬ子のようにしてください。
あなたがたの釜がまだいばらの熱を感じない前に
青いのも、燃えているのも共につむじ風に
吹き払われるように彼らを吹き払ってください。
正しい者は復讐を見て喜び、
その足を悪しき者の血で洗うであろう。
そして人々は言うであろう、
「まことに正しい者には報いがある。
まことに地にさばきを行われる神がある」と。

（新共同訳聖書）
神が彼らの口から歯を抜き去ってくださるように。
主が獅子の牙を折ってくださるように。
彼らは水のように捨てられ、流れ去るがよい。
神の矢に射られて衰え果て
なめくじのように溶け
太陽を仰ぐことのない流産の子となるがよい。
鍋が柴の炎に焼けるよりも速く
生きながら、怒りの炎に巻き込まれるがよい。
神に従う人はこの報復を見て喜び
神に逆らう者の血で足を洗うであろう。
人は言う。
「神に従う人は必ず実を結ぶ。
神はいます。
神はこの地を裁かれる。」

〈例 4〉詩編 79 編 10-12 節

（口語訳聖書）

どうして異邦人は言うのでしょう、

「彼らの神はどこにいるのか」と。

あなたのしもべらの流された血の報いを

われらのまのあたりになして、

異邦人に知らせてください。

捕われ人の嘆きを

あなたのみ前にいたらせ、

あなたの大いなる力により、

死に定められた者を守りながらえさせてください。

主よ、われらの隣り人があなたをそしったそしりを

七倍にして彼らのふところに報い返してください。

（新共同訳聖書）

どうして異国の民に言わせてよいでしょうか

「彼らの神はどこにいる」と。

あなたの僕らの注ぎ出された血に対する報復を

異国の民の中で、わたしたちが目の前に見ることができますように。

捕われ人の歎きが御前に届きますように。

御腕の力にふさわしく

死に定められている人々を生き長らえさせてください。

主よ、近隣の民のふところに

あなたを辱めた彼らの辱めを七倍にして返してください。

〈例 5〉詩編 94 編 1-2 節、22-23 節

（口語訳聖書）

あだを報いられる神、主よ、

1章　多面的な問題

あだを報いられる神よ、光を放ってください。
地をさばかれる者よ、立って
高ぶる者にその受くべき罰をお与えください。
……
しかし主はわが高きやぐらとなり、
わが神はわが避け所の岩となられました。
主は彼らの不義を彼らに報い、
彼らをその悪のゆえに滅ぼされます。
われらの神、主は彼らを滅ぼされます。

（新共同訳聖書）
主よ、報復の神として
報復の神として顕現し
全地の裁き手として立ち上がり
誇る者を罰してください。
……
主は必ずわたしのために砦の塔となり
わたしの神は避けどころとなり岩となってくださいます。
彼らの悪に報い
苦難をもたらす彼らを滅ぼし尽くしてください。
わたしたちの神、主よ、彼らを滅ぼし尽くしてください。

〈例6〉詩編137編7-9節

（口語訳聖書）
主よ、エドムの人々がエルサレムの日に、
「これを破壊せよ、これを破壊せよ、
その基までも破壊せよ」と
言ったことを覚えてください。

24

破壊者であるバビロンの娘よ、
あなたがわれらにしたことを、
あなたに仕返しする人はさいわいである。
あなたのみどりごを取って
岩になげうつ者はさいわいである。

（新共同訳聖書）
主よ、覚えていてくださいエドムの子らを
エルサレムのあの日を
彼がこう言ったのを
「裸にせよ、裸にせよ、この都の基まで。」
娘バビロンよ、破壊者よ
いかに幸いなことか
お前がわたしたちにした仕打ちをお前に仕返す者
お前の幼子を捕えて岩にたたきつける者は。

〈例7〉詩編139編19-22節

（口語訳聖書）
神よ、どうか悪しき者を殺してください。
血を流す者をわたしから離れ去らせてください。
彼らは敵意をもってあなたをあなどり、
あなたに逆らって高ぶり、悪を行う人々です。
主よ、わたしはあなたを憎む者を憎み、
あなたに逆らって起り立つ者を
いとうではありませんか。
わたしは全く彼らを憎み、
彼らをわたしの敵と思います。

（新共同訳聖書）

どうか神よ、逆らう者を打ち滅ぼしてください。

わたしを離れよ、流血を謀る者。

たくらみをもって御名を唱え

あなたの町々をむなしくしてしまう者。

主よ、あなたを憎む者をわたしも憎み

あなたに立ち向かう者を忌むべきものとし

激しい憎しみをもって彼らを憎み

彼らをわたしの敵とします。

『詩編の書』全体に見出される「敵」

　少しばかりの詩編が多くの人に反感を引き起こすだけでなく、その全体に敵や暴力といったものが見られるがために、『詩編の書』は魅力的ではないものとして映る。そもそも先に引用した詩編、あるいは『詩編の書』全体には、人間の生き方の基本としてどのようなものが示されているのだろうか。一人ひとりの生、そしてイスラエルの民の生は、もっぱら日々の戦い、そう、敵との戦争のイメージで表現されている。詩編の祈り手は、途方もなく強い武将に取り囲まれ、脅かされ、撃たれていると感じている。あるいは、狩人や罠で猟をする者たちに狙われている獣のような状況、あるいは舌なめずりして獲物を狙う猛獣や荒々しく地面を踏みつける雄牛、毒を吐きかける蛇に取り囲まれ、襲われるかのような状況に自分が置かれていると見ている。

　安心感や平静さを基調とする叙情詩的な詩編においてさえ——実に、生きることの喜びを歌う詩編でさえも——途中、思いもしないところで、突然耳障りな不協和音が割り込んできて、敵対と迫害、憎しみを思い出させる。

　このような詩編を読み聞きするなかで起こる感情の動きや連想を起こる

がままにまかせるとすれば、詩編への怒りや反感を抑えられない。つまり、たとえ多くの場合に正義という文脈で語られ、それに照準が定められているとしても、「第一の契約の書」(つまり旧約聖書)の神が非常に暴力的であり、破壊的で復讐心の強い神であることに驚かされるのである。しかし、そればかりではない。祈り手たちは、自身の敵であり自分の神の敵である者たちの殲滅をその目で見ることを臆面もなく望む。憎しみの感情や復讐心を克服するどころか、かえってそれらを強めているかのようである。本来は距離を保って冷静に対処すべきであるのに、詩的イメージによって攻撃性がかき立てられ、敵への幻想が膨らんでいく。祈り手自身が敵に対してこのような関係しか築けていないからという理由で、神への信仰を敵を攻撃する武器として用いたり、神への信仰を理由に敵対関係を正当化してよい、というのだろうか。どんな理由を引き合いに出そうと、結局のところ人間というものは対立さらには和解に対して無力であるため、神に戦いを委ね、暴力の神、そうだ、復讐の神が解決してくれるようにと願い求めているのではあるまいか。

　詩編 8:3 が、「人の子ら」の一人ひとりを愛情深く助ける世界の王ヤハウェの思いやりを讃える賛歌と対照をなすことに気付けば、この 8:3 の戦闘的・攻撃的な調子を誰が奇異に思わないだろうか。(実際すでにギリシャ語訳においてこの詩編箇所は和らげられており [5]、この穏やかな翻訳は新約聖書ならびにキリスト者による詩編翻訳に取り入れられている。マタイ 21:16 参照 [6]。)

　主よ、私たちの主よ、[あなたはそれ以外の何者でもありません！]
　あなたの御名は、全地においていかに力強いことでしょう。
　あなたは威光を天を越えて広げられました。

5　(訳注)「幼子と乳飲み子の口から、あなたは賛美を完成した」(七十人訳からの私訳)。

6　(訳注)「幼子や乳飲み子の口に、あなたは賛美を歌わせた」。

幼子、乳飲み子の口によって、[7]あなたは砦を築きました。刃向かう者の
ゆえに、
敵を、そして報復をねらう者たちを終わらせるために。
私があなたの天を、あなたの指の業を、
あなたが配置した月と星を仰ぐとき、［私は問わずにいられません］
あなたが御心に留めてくださる人間とは何ものなのでしょう。
　あなたが顧みてくださる人の子とは何ものなのでしょう。

（詩編 8:2–5）

　あるいは、愛情のこもった祈りである詩編 23 編について、哲学者イ
マヌエル・カント〔1724–1804 年〕は「私が読んだすべての本のなかで、
聖書のこの言葉ほどに、私に慰めをもたらしたものはない」と言ってい
る。しかし、この詩編が神との神秘的な結びつきというそのビジョン[8]を
描くことができるのは、敵対的な世界に対し神が勝利を誇っているから
こそ、そして〔敵対者に〕恐怖を与える棍棒が背後にあるのを知ってい
るからこそである。そのことに、誰が裏切られたと感じないでいられよ
うか。

死の陰の谷を行かねばならないときでさえ、
私は災いを恐れない。
あなたが私と共にいてくださるから。
あなたの鞭、あなたの杖、
それが私を力づける。
私の敵対者の面前で、
あなたは私に食卓を整えてくださる。（詩編 23:4–5）

7　（訳注）新共同訳では句点「。」だが、原著に従って読点「、」に変更した。
8　（訳注）「主は羊飼い、わたしには何も欠けることがない。主はわたしを青草の原に
休ませ憩いの水のほとりに伴い魂を生き返らせてくださる。主は御名にふさわしくわた
しを正しい道に導かれる」（詩編 23:1–3）。

いったん、敵や敵のイメージそして敵への恐怖が「遍在」していること
に敏感になるなら、「神の国の詩編」である詩編 145 編——この詩編はイ
エスの「主の祈り」や、イエスの時代の「カデシュの祈り」[9]と密接な関係
にある——の結びに勝利の確信があからさまに歌われていることにもはや
驚きはしないだろう。

　主を愛する人皆を主は守る、
　しかし逆らう者をことごとく、彼は滅ぼす。

（詩編 145:20、ドイツ語圏統一訳）

　彼は、彼を愛する者皆を守る。
　しかし逆らう者をことごとく、彼は抹殺する。

（詩編 145:20、ブーバー訳）

　個々の詩編に見られるイメージや場面そして背景にある生活の状況から
受けるのは、そんなにも多くの暴力に抵抗する嘆きがある一方で、暴力を
求める叫び——とりわけ、報復と復讐と殲滅の神が存在することへの期待

9　（訳注）ユダヤ教徒のみならず非ユダヤ教徒にも最も知られた、ヘブライ語ならび
にアラマイ語による頌栄。祈りの本文は、「彼（＝主）の偉大な御名は高められ聖とさ
れますように、彼がご自身の意志によって創造されたこの世界のなかで。そして彼の
国があなたたちの生とあなたたちの日々とイスラエルのすべての家々で、速やかに、
そして間もなく、立ち現れますように——アーメンと答えよ。彼の偉大な御名は世々
に、とこしえに、讃えられますように。聖なる御者の名は、讃えられ、褒め讃えられ、
栄光が帰され、高められ、さらに高められ、讃えられますように。それはどの賛美も
歌も高く越えて、栄光化とこの世のために告げられた慰めの約束のゆえに、賛美され
ますように——アーメンと答えよ。［全イスラエルの祈りと願いが天の父の御前に昇っ
ていきますように——アーメンと答えよ。平和と生命の充満が天から降り、全イスラ
エルに分け与えられますように——アーメンと答えよ。］彼の天の高いところに平和が
うち立てられますように、私たちのところに、そして全イスラエルに、平和がうち立
てられますように——アーメンと答えよ」（das Bibellexikon に引用されたドイツ語訳
からの重訳）。

——が数多く歌われていることへの驚きである。

　キリスト教の祈禱文で使われる言葉は、平和的で、過度なまでに肯定的で、カテキズムを丸写ししたようであるが、そのような言葉遣いに慣れた人は、多くの詩編に存在する感情的で具体的、戦闘心をあらわにする言葉遣いに驚かされる。おそらく困惑し、反発することもあろう。たしかに、『詩編の書』にはトーラー（律法）や預言者の偉大な神学的伝承がしみ込んでいる。それどころかトーラーと預言者を祈りの形で具現化したものであるとさえ言える。しかしながら、詩編の祈りはおよそ信心深さとは程遠い状況での祈りである。ゴチック建築の大聖堂の神秘的なほの暗さのなかででもなければ、隠修修道院のような心のオアシスでなされる整然とした詩編歌唱のなかでも、たましいの奥にある静寂な小部屋のなかでもない。むしろ、しばしば敵に思える世界の ·ま ·っ ·た ·だ ·中で、祈り手が立ち向かう敵たちの ·ま ·っ ·た ·だ ·中でである。しかも、〔詩編の〕祈り手は、自身を守り、共に戦う仲間として頼っている神に祈るのである。

　ノルベルト・ローフィンク（Norbert Lohfink）はこの点に踏み込み、以下のように語っている。「祈り手とその敵たち——これこそが端的に『詩編の書』を支配する主題である」[10]。『詩編の書』のなかで、敵を描写する語彙群ほど具体的で多様な側面を持つものはない。オトマー・ケール（Othmar Keel）はその著書『敵と神を拒絶する者——個人の詩編における敵対者のイメージ研究』のなかで、敵を語る表現を 94 も数え上げている[11]。祈り手の敵たちとイスラエルに敵対する諸国民（「異邦人」）に下され

10　N. Lohfink, Was wird anders bei kanonischer Schriftauslegung? Beobachtungen am Beispiel von Ps 6: JBTh 3, 1988, 36 による。なお Lohfink は T. Collins, Decoding The Psalms. A Structural Approach to the Psalter: JSOT 37, 1987, 41–60 を参照している。

11　O. Keel, Feinde und Gottesleugner. Studien zum Image der Widersacher in den Individualpsalmen (SBM 7), Stuttgart 1969, 93–131 参照。『詩編の中の敵たち』というテーマについての最近の議論の良いまとめは、H. Schulz, Zur Fluchsymbolik in der altisraelitischen Gebetsbeschwörung: Symbolon N.F. 8, 1986, 35–59 (bes. 39–43) にある。

るよう求められる神の怒りの裁きを表現する隠喩や比喩も、それに劣らず多種多様である。共時的分析法に基づいて、物語られた人生観あるいは世界観を物語る試みとして『詩編の書』を理解しようとするなら、義人と神に逆らう者との間の、あるいは無力な貧しい人と権力をほしいままにする裕福な人との間の、あるいはまた、神の民イスラエルと世界の（偶像崇拝する）諸国民との間の劇的な対立の歴史として読むことができる。義人、貧しい人すなわちイスラエルに味方して戦う「復讐の神」がこの対立に最終的にけりをつけるということが、個々の詩編（の歌）を互いに結びつける固執低音（basso ostinato）[12] として（時に静かに［piano］また時に強く［forte］）響いている。

　詩編のなかで生死をかけた戦いが繰り広げられていること、そして、それが穏やかな短調（Moll）で奏でられてはいないということが、『詩編の書』の二重の主題を提示する詩編 1 編と詩編 2 編によってすでに知らされている。

　しかし神に逆らう者たちはそうではなく、

　風に散らされる籾殻のようである。

　だからこそ神に逆らう者たちは裁きの中にとどまれない。

　なぜなら主は正しい人たちの道を知っているから、

　他方、神に逆らう者たちの道は消え失せるから。

　　　　　　　　　　　　　　　　　　　（詩編 1:4–6、ルター原訳）

　私はその仕方について告げ知らせよう、

　主が私に言われたことを。

　「あなたは私の息子、今日私はあなたを生んだ、

　私に願い求めよ、そうすれば私は異邦人たちを遺産として、

　世の果てまでも財産として、あなたに与えよう。

12　（訳注）ある特定のリズムや音型を低音部で何度も反復すること。

1章　多面的な問題

あなたは彼らを鉄の王笏で撃つことになる、
陶器の鍋のように彼らを粉砕することになる。」

（詩編 2:7–9、ルター原訳）

そして、『詩編の書』が大きなハレル（＝賛歌）である詩編 150 編によって閉じられる前に、神とその民の勝利の「新しい歌」が歌われる詩編 149 編において詩編 2 編の語句やモチーフが再び取り上げられることによって、詩編 2 編が予告した神の約束の「成就」が歌われる[13]。

聖なる者たちは、彼らの床で、喜び賛美し褒め称えることになる。
彼らの口は神を高めることになる、
そして彼らは手に鋭い剣を持つことになる、
異邦人の間で復讐するために、
諸民族の間で処罰するために、
彼らの王たちを鎖で繋ぐために、
そして彼らの貴族たちを鉄の足かせで。
彼らが彼らに、書き記されている正義を行うために。
そのような栄誉を彼の聖なる者たち皆は受けるであろう。

（詩編 149:5–9、ルター原訳）

13　詩編 149 編からやっかいな棘を抜こうとする試みについては、とくに以下を参照してほしい。N. Füglister, Ein garstig Lied – Ps 149, in: FS H. Groß, Stuttgart ²1987, 81–105; E. Zenger, Mit meinem Gott überspringe ich Mauern. Einführung in das Psalmenbuch, Freiburg ⁴1993, 53–60; G. Vanoni, Zur Bedeutung der althebräischen Konjunktion w. Am Beispiel von Ps 149, 6, in: FSW. Richter, St. Ottilien 1991, 561–576.
とは言え、これらの解釈の試みにしても、詩編 149 編が王たちや諸民族の間に裁きが、つまり詩編 2:10–12 の警告を聞こうとしない者たちに「殲滅の裁き」がもたらされると考えているという事実を覆い隠すものではない。その背後にどの程度まで黙示文学的な思想があるのかについては、ここでは結論をだせない。

実際のところ、敵意や敵対関係、暴力、報復、そして実に復讐までも含め、それらは決して『詩編の書』の副次的な重要性しかもたないモチーフではない。むしろそれらはその本質なのである。そのために、詩編やそこにおける神のイメージにキリスト教神学と心理学とが反論して拒絶するとしても、また人々の中にはそれを原因として旧約聖書を、それどころか聖書そのものを拒絶してしまうほどであるとしても、驚くにあたらないのである。

キリスト教の名においてなされる抗議と拒絶

詩編が引き起こす神学上の躓きが、少なくないキリスト教神学者にとっていかに複雑で根深いものであるかは、なによりも最近の数多くの見解に示されている。

「マルキオン異端」的拒絶

詩編をキリスト教以前のユダヤ教のなかで生み出された作品として捉え、ユダヤ教とキリスト教の非連続性を強く主張する場合には、解釈に関する根本的な問題が最も鮮明に立ち現れる。その説に基づくなら『詩編の書』は、いわば新約聖書的キリスト論と教会論による裁きの座の前に立たされて「キリスト教化」されるか、あるいは、「非キリスト教的」であるとされた部分が削られることになる。キリスト教的な祈りとして受け入れるためには、『詩編の書』を「キリスト教化」しなければならないということの根拠を、トリアーの典礼学者バルタザール・フィッシャー（Balthasar Fischer）がこう説明している。

詩編を好意的に受け止めるとすれば、それは非常に人間的であることによる。（中略）これらの歌が（中略）旧約聖書に由来するものであるという事実、つまり、キリストの到来以前に書き記されたものであり、

33

非常に僅かな箇所でしか来たるべきメシアについて言及していないという事実が、ある種の困難さを生じさせる。いかにすればそれをキリスト教の祈りとすることができるだろうか。しかし、キリスト教の祈りでは、私たちがキリストに祈るにせよ、キリストの祈りに私たち自身を合わせるにせよ、その中心にキリストがいるはずなのだ[14]。

そうだとすれば、敵に関する詩編と復讐の詩編そして呪いの詩編にある問題は、もはや宗教と暴力が一体であるという根本的問題[15]に尽きるということになる。そうであれば、ユダヤ教の伝統の内に生じた躓きという問題を見過ごすことになろう。ユダヤ教の伝統は「復讐の神」についてだけではなく、「赦しの神、愛の神」についても語っているのだから……。たいていのキリスト論からすれば、このような詩編は「前キリスト教的」な宗教の残留物であるか、「非キリスト教的」ないしは「キリスト教に劣る」もの——つまり、端的に旧約聖書的・ユダヤ教的なもの——であって、キリスト者ならキリスト者として克服し訣別すべき宗教性がそこに映し出されているとされる。司教の息子で、紀元後2世紀に異端者として教会から拒絶されたマルキオン[16]が広めた命題、つまり、ユダ

---

14 In der Einleitung zum »Kleinen Stundenbuch«, Einsiedeln – Freiburg o. J., 7.

15 （訳注）宗教と暴力の根本的連関という問題を指摘しているのは、ルネ・ジラール著、織田年和・富永茂樹訳『身代りの山羊』叢書ウニベルシタス、法政大学出版局、1985年。

16 （訳注）マルキオン（85/90–160年頃没）は「黒海沿岸ポントスの港湾都市シノペ(Sinope)で司教の子として生まれる。（中略）144年にローマの教会会議は彼を破門。（中略）マルキオンはその後も自分の思想の正統性を弁護し続け、ついに位階制度を備えた自分の教会を創設し、その勢力を急速に伸張させた」。「マルキオンの特徴は旧約の神と新約の神を対立するものと解するところにある。旧約の神は創造神であるが、無知で愚かな神、冷酷で残虐、偏狭な神であり、創造を悔い、自分の民を滅ぼすが、救済することはない。イエスによって啓示された神は旧約の神とは無関係の新しい神であり、愛の神である。したがって、イエスの到来は旧約聖書の預言の成就ではありえない。（中略）それゆえ、マルキオンは、旧約聖書を拒否し、旧約聖書の比喩的解釈、予型論的解釈も拒否する。パウロこそが神の恩恵と愛を啓示した使徒であるとし、パウロ主義

ヤ教の（ないしは旧約聖書の）神とイエス・キリスト〔キリスト教〕の神は
まったく異なるという主張がここに顔を出していることは、私にとって
は明々白々である。

　だがマルキオン異端の再発だと言ってみたところで、問題はまったく容
易にならない。なぜなら、少なからぬキリスト教の旧約聖書学者たちが、
問題を孕む詩編の箇所を「キリスト教に劣る」もの、ないしは典型的な旧
約聖書的なものとして、こっそりと（むしろ行き当たりばったりに）選別し
ているからである。

　マインツの旧約聖書学者アルフレート・メルテンス（Alfred Mertens）は、
その論文「いまキリスト者として詩編を祈る」のなかで、非常に感受性豊
かに詩編の祈りについて論じているが、それでも最終的には次のように結
論づける。

　　つまるところ、キリスト者が詩編で祈るときには、前キリスト教的でキ
　　リスト教以下の道徳観（エートス）に促されて祈っていることを意識す
　　ることになる。そのような道徳観は「山上の説教」によって遥かに凌駕
　　されているものなのだ[17]。

　聖書釈義の注解書から、ベルンハルト・ドゥーム（Bernhard Duhm）の
『旧約聖書注解書』[18] とアルトゥール・ヴァイザー（Arthur Weiser）の
『ATD 詩編』[19] から引用してみよう。というのは、そこではキリスト教の
優位という考え方が一貫して支配しているからである。

────────────
に立って新約聖書の正典を定める。それはユダヤ化による改変・歪曲から『真理の福音』
を復元することを意図し、パウロの手紙でも旧約聖書を比喩的、予型論的に解釈する箇
所は削除される」（『新カトリック大事典』より引用）。

17　A. Mertens, Heute christlich Psalmen beten. Zugänge zum Psalmengebet auf dem
Hintergrund moderner Psalmenexegese, in: H. Becker / R. Kaczynski (Hrsg.), Liturgie
und Dichtung. Ein interdisziplinäres Kompendium II, St. Ottilien 1983, 503.

18　B. Duhm, Kurzer Hand-Commentar zum Alten Testament, Freiburg 1899.

19　A. Weiser, Die Psalmen, Altes Testament Deutsch, Göttingen 1950. [10]1973.

ドゥームは言う。

この詩の率直な真実が私たちの心をとらえるにしても、敵との関係については、キリスト教的に受け入れがたいと感じざるを得ない[20]。
（中略）そして、キリスト教的な世界理解、生き方の理解からすれば、そのような素朴な喜びは（中略）とても納得できるものではない[21]。
この詩編の苦難や罪、そして幸福についての考えはキリスト教以下（のレベル）である[22]。
その罪意識の「深さ」にしても、決してキリスト教的な罪意識の在り方ではない[23]。
この詩編の呪いの言葉は際立って「非キリスト教的」であるが、そうではあってもこの詩編はメシアの詩編とされてきた（すでに使徒 1:16–20 において）[24]。

ヴァイザーの詩編注解書には次のように書かれている。

（中略）その際次のことは見落としてはならないであろう。すなわち、愛を倫理の最も深い動機としてかかげ、かつ常に助けを必要としているような人を隣人として認める——そのようなところまで行くことを妨げる大きな障壁となっていたのは、まさに、神の義の支配に関するこうした外面的、機械的な見方にほかならなかった、ということである。したがってこの詩のこの箇所では、新約聖書において克服された障壁（ルカ七 36 以下、一五 2、マタ二三 5 以下参照）がまだ乗り越えられてはいな

20　詩編 6 編について。前掲書 22 頁。
21　詩編 16 編について。前掲書 46 頁。
22　詩編 32 編について。前掲書 95 頁。
23　詩編 51 編について。前掲書 148 頁。
24　詩編 109 編について。前掲書 254 頁。

い[25]。

（中略）作者がここで彼の敵たちに復讐することを望んでいるのは、彼の憤りと幻滅を考えれば無理からぬ話である。けれどもそれは旧約の思考の限界を示すものであり、新約にしたがって見るならば余りにも人間的な感情に囚われすぎていると言える[26]。

この詩には明らかに認められる限界がある。作者の主観的な誠実さは疑ってはならないであろう。また、神の真実と助けにより頼む心は（中略）それに力がないわけではない。しかし、祈り手は信頼して自分を神に献げ、自分の悩みを神の手から受けてじっと耐える力を欠いており、その用意もない。人間の我意と復讐心と、さらに他人の損害を喜ぶ低次元の本能が自分の考えを支配し、神についての見方も、神との関係についての見方もそこから引き出している。（中略）したがってその祈りは、人間を自由にする働きがない。なぜなら、さらに進んで最後の深みにまで至っていないからである。この点でその祈りは新約聖書の審きに劣っている[27]。

（中略）他方、義しい人への審きの効果を述べる詩の末尾は、寛容さに欠けた宗教的偏向（詩六八 34 参照）にもとづくあからさまなシャーデンフロイデ Schadenfreude〔他人の不幸を喜ぶ心〕と残忍な復讐心とを示している。それらはややもすれば信仰の悟りの木にも咲き出る危険なあだ花の一つであって、旧約聖書の宗教の限界を明白に認めさせる[28]。

事実この詩は、（中略）神に対する大胆さとくじけざる勇気とによって、さまざまな試練にある幾人かをすでに助けたことのある、強い道連れ

25　詩編 15 編について。（訳注）A. ヴァイザー著、安達忠夫訳『詩篇　上』ATD 旧約聖書註解 12、ATD・NTD 聖書註解刊行会、1983 年、208–209 頁より引用。一部変更。

26　詩編 41 編について。（訳注）前掲書 452–453 頁より引用。

27　詩編 54 編について。（訳注）A. ヴァイザー著、塩谷饒訳『詩篇　中』ATD 旧約聖書註解 13、ATD・NTD 聖書註解刊行会、1985 年、92–93 頁より引用。

28　詩編 58 編について。（訳注）前掲書 114 頁より引用。一部変更。

である。もちろん、キリストにある神信頼にはさらに、われわれが大胆な信仰をもって考え出したものとは異なる決定を神がわれわれに対してくだされた時でさえ、神の意志に身を委ねるということも含まれる[29]。

彼らは神の敵である故に、彼の敵でもあるのだ。しかし、憎しみは人間的な感情の深淵から湧き出たものではない、としてその動機を理解するとしても、詩人はここで事実上、旧約聖書の伝統の枠内に留まっていることを見逃してはならない[30]。

人を困惑させる詩編ないし詩句に対するこのような決めつけが示しているのは、何世紀にもわたるキリスト教的伝統がいずれの評価においても無批判に出発点となっているのは明らかだ。このキリスト教的伝統によれば、新約聖書はいつだって特権的な審級であり、旧約聖書という劣ったものにその分をわきまえさせるのだ（A. ヴァイザーに見られるステレオタイプを参照）。

この無反省な出発点から、こんな詩編はそもそもキリスト教的な祈りとして使えるのかという疑問が、あるいは、少なくともキリスト教的な祈りになるように手を加えるか書き換えるかしなければならないのでは、という疑問が不意に生じるのである。パッサウの新約聖書学者でカトリック聖書機構（Katholisches Bibelwerk）の前会長であったオットー・クノッホ（Otto Knoch）はこの立場を取っている。

新約の神の民に属する者としてキリスト者は、旧約の神の民であるユダヤ人とまったく同様にすべての詩編を祈ることができるだろうか。あるいは、新しい救いの次元に基づき、そして、イエス・キリスト、すなわち教会と人類の主である復活者キリストへの方向付けに基づき、詩編の

29　詩編 91 編について。（訳注）A. ヴァイザー著、大友陽子訳『詩篇　下』ATD 旧約聖書註解 14、ATD・NTD 聖書註解刊行会、1987 年、24 頁より引用。一部変更。
30　詩編 139 編について。（訳注）前掲書 302 頁より引用。

本文や詩編による祈りの仕方を改めるよう求められているのではないか。
（中略）

キリストすなわちナザレのイエスをとおして神は最終的に自己を啓示し、世界と和解した（Ⅱコリント 5:11–19）。キリストの肢体として、すなわち、洗礼によりキリストとの新しい生命の関係に入り、それによって神との新しい関係の結びに入った者として、キリスト者は祈る（中略）。

それでキリスト者は、教会と同様、「イエス・キリストの内に、イエス・キリストと共に、イエス・キリストをとおして」、父である神へと祈る。だから旧約の祈りは、イエス・キリストがもたらした使信と教えから説明され解明されるべきである。（中略）

旧約に属する詩編を、イエス・キリストと教会、そして神の国との関連で選別し、その意味を深めることが求められる。まさにこれが根拠となって、カトリック教会はミサ典礼書だけでなく『教会の祈り』（Stundengebet）から、復讐や報復を願い求める詩編や詩編の章句、そしていかにも旧約的・ユダヤ教的な考え方が明らかな箇所を取り除いたのである。さらには、答唱句や祈りを加えることによって問題となる詩編の章句や詩編にある祈りのすべてをキリスト教的救いの歴史と教会的な祈りに合うよう変更したのである[31]。

ここで次のことが明らかに見て取れる。すなわち、この立場は一方で、聖書の詩編をキリスト教に合うように「救済する」ことに関心がある、ということである。その立場は、大局的にはマルキオンの異端とされた考えを避けようとしてはいるものの、部分的にマルキオン的な考えに立脚してもいる。詩編に見られる困惑を招く異質さを「キリスト教に劣る」ユダヤ教に由来するものとすることによって、キリスト教の新しさと優位性とを一層明らかにしようとするからである。こうして、復讐の

31　O. Knoch, Altbundlicher Psalter. Wie kann, darf und soll ein Christ ihn beten?: Erneuerung in Kirche und Gesellschaft IV, 1989, 45–47.

詩編は新しい福音とのコントラストを映し出す鏡となり、なぜキリスト
が到来すべきであったのかがこの復讐の詩編から明らかとなるというわ
けだ。

　この点は先に引用した二人の著者においても徹頭徹尾明らかであって、
両者ともこのような詩編を旧約聖書の宗教——キリスト教とは根本的にま
ったく「異質な」宗教——の病状と本質として見るのである。この際、私
たちの文脈において、マルキオン〔の異端的行為〕を繰り返して旧約聖書
をキリスト教の正典から外したい、という声はそれほど重要なものではな
い。「暴力の詩編」の神学的問題がはっきりと姿を現すのは、これらの詩
編の（見かけ上であれ真実にであれ）異質さを、正典としてのそして聖書と
しての質と折り合いをつけようとする点においてである。しかもこの異質
さには、何か積極的な役割が認められるのでなければならない。そのよう
な解決の試みは、弁証法的な基本形とそのさまざまな変形として生まれて
くる[32]。

「弁証法的」解決

　第二バチカン公会議の中央委員会における、教会で公式に行う『教会の
祈り』を改革する議論のなかで、1962 年にベネディクト修道会の大修道
院長ベノ・グート（Benno Gut）——彼は 1969 年にはバチカンの典礼秘
跡聖省（Sacra Congregatio pro Cultu Divino）の長官に任命された——は、
いわゆる「呪いの詩編」を『教会の祈り』の中に残すべきかそれとも排除
すべきかという問いに対して、次のように発言している。

　どれほど反対票が多数を占めようと、呪いの詩編を擁護させていただき
　たい。〔それを『教会の祈り』の中に残すことで〕私たちがまさに呪いの詩
　編をますます意識し、神の啓示の進展がいかに素晴らしいかについて神

32　（訳注）「マルキオン異端」的な考え方が旧約を排除するのと異なり、新約と対立
する旧約の存在はより高い次元へと発展するきっかけとなる、という意味で、何らかの
存在意義を見出そうとする考え方。

に感謝するためである[33]。

　同様に、すでに 1940 年に、トリアー（Trier）の旧約聖書学者ハインリヒ・ユンケル（Heinrich Junker）が呪いの詩編には教育的役割があるということを次のように書き記している。

結びとして、次の問いに簡潔に答えよう。それは、そのような詩編が現代でも真に祈りであると私たちが言えるか、という問いである。どの詩編も、それが表す本来的な意味を、例外なく私たちの祈りとして受け取るということは到底できないからだ。この問いに答えるにあたり、私はテクストの比喩的解釈を採用することはしない。そうではなく、例えば祈り手がこの詩編を（中略）その本来の意味で理解する場合を考察する。キリスト教的な道徳に衝突するため自己の祈りとできない箇所にぶつかった際、この祈り手は自身のキリスト教的良心から、旧約聖書的な不十分な考え方を新約聖書に合うように訂正することを考えるに至るであろう。しかも、成熟し啓蒙された祈り手であればそのような訂正をうぬぼれなしに、そして旧約聖書の祈り手に対する失敬な批判なしに行うであろう。なぜなら、自分自身が旧約聖書の祈り手よりも倫理的に高いレベルにいるわけではないことを自覚しているからである——誠実な自己意識は彼に語りかける、彼もまた、重大な試みに晒されたときには、復讐の祈りを口にする危機にいつだって陥ってしまうのだと——。その上、自分が優位性を持っているとすれば、自分には（新約聖書によって）より高い理想が示され、より崇高な掟が与えられているからに過ぎない、ということも自覚している[34]。

　実に、新約聖書の（義認・義化の）恵みという使信に対立するところの

33　V. Huonder, Die Psalmen in der Liturgia Horarum, Freiburg 1991, 7 Anm. 11 に言及されている投票に際しての発言のラテン語による記録を参照。

34　H. Junker, Das theologische Problem der Fluchpsalmen: Pastor Bonus 51, 1940, 74.

旧約聖書の「異質性」は、影響力に富んだ多くの著者たち——エマヌエル・ヒルシュ（Emanuel Hirsch［1888-1972年］）からフリードリヒ・バウムゲルテル（Friedrich Baumgärtel［1888-1981年］）を経て、ミュンスター大学を退職した旧約聖書学者であるフランツ・ヘッセ（Franz Hesse）に至るまで——にとって、ルター派の教義の弁証法的原理となっている。彼らに共通しているのは、正典としての旧約聖書の意味、そしてキリスト者にとってそれ〔旧約聖書〕が有するところの救いの意味——言うまでもなく "e contrario（反対から）"、つまり、キリスト者は旧約聖書にあるキリストの救いの使信を信じない限り、自分自身の中にも潜み続ける「古い」人を読み取る、という意味——をしっかり保つべきであるという考えである。大半の詩編が、とりわけ、神が敵たちの上に裁きを下すようにと心の底から強く願う詩編が、（旧約の宗教が）「異質な宗教」であり、イエスが私たちをそこから解放しようとする宗教であることの証拠だ、とされる。

　エマヌエル・ヒルシュによる真摯な問いかけに、私たちは（彼に反感を持つとしても）耳を傾けなければならない。彼はヴィッテンベルゲ（Wittenberge）で牧師の息子として生まれ、「マルキオン主義者」のアドルフ・フォン・ハルナック（Adolph von Harnack）に師事して研鑽をつみ、ゲッティンゲン大学の教授として学問的にも多大な影響を及ぼした人物だが、1933年には「ドイツ人キリスト者」（Deutsche Christen）という信心運動に加入し、ユダヤ人差別に積極的に関わってもいる。ヒルシュは神学者として駆け出しのころ、詩編はキリスト者にとって重要であるかと問うた。旧約聖書は「私たちにとって、キリストへの信仰をとおして廃止され破棄されたものである」[35] という主張へとヒルシュを駆り立てたのは、おそらくは神学的・政治的に動機づけられた自身のユダヤ人敵視に起因したであろうが、しかし、まさに詩編にまつわる彼の経験にも原因があったと

35　E. Hirsch, Das Alte Testament und die Predigt des Evangeliums, Tübingen 1936, 26.

思われる。その点については彼自身が語る。

　私は以前、当時聖職者の多くがしていたのに比べると、旧約聖書の章句を説教のためにあまり選ばなかった。しかし、歴史の大きな転換点に際して、いかにすれば神に委ねきる信仰によって、諸民族の歴史に神が介入することを勇敢に受け取ることができるのか教えるべき時には、（旧約聖書の章句を選ぶことは）やはり当然のことと思えた。歴史の主である神に対する旧約の信仰はキリスト教においても真理として存続するものであり、そのような事柄を私に示す旧約聖書の箇所を選び、現代においても意味あるものとして説教した。それらには何ら問題は無く、むしろ重要であったのは章句の選択であり、説教の目的設定であった。

　私がそのような安易なやり方を続けている限り、旧約聖書をキリスト教的にふさわしく用いることが説教者や牧会者にとっていかに困難であるかということは、私の目には隠されたままで終わったかもしれない。長年の〔説教者としての〕経験において生じた聖職者としての危機は、私が選んだ学問的なキャリアにおいては経験されなかったものであろう。他の困難な経験は私にとって有意義であった。当時私は、病床にある人々に説教をするとき、しばしば詩編の書から〔聖句を選んで〕語っていた。そうしたのは、有名であり、私がもっとも好む文章である、ルターの『詩編の書への序』で言われている意見に従ったからであった。そうしたある日のこと、相当貧しくひどく落ち込んでいる田舎住まいの女性──彼女は戦場にいる一人息子の母であった──に、詩編91編を語った。その時ほど、そんなに深い観想、つまりそれほど幸いな心の慰めが一人の人を包み込むのを見たことはない。数日してから再び訪問すると、彼女は起き上がり、詩編からどれか一編を読んでほしいと頼んだ。私は〔以前読んだ詩編とは〕別の詩編を朗読し始めたが、彼女は前のものをと望んだ。どうしてかを尋ね、話をしてみると、あの深い観想や慰めをもたらした箇所──「あなたの傍らに

43

一千の人、あなたの右に一万の人が倒れるときすらあなたを襲うことはない」（詩編 91:7）──のことで、私は身震いがする発見をすることになった。彼女はこの言葉を、神から自分に示された個人的な託宣として受け止めたのだった。神は自分の息子を戦場から無事帰らせてくださる、というお告げだ、と。周囲の村や町では多くの人々が夫や息子を失ったり、失う恐れがあったりしたのに、彼女は自分だけは息子を失わないに違いないと言うのである。できるだけ傷つけないように気を付けながらも、彼女がきちんと理解できるように私は助けようとした。そのような考えは、決してキリスト教的な意味における神への信頼ではない、ということを。その結果、彼女は私を敵と見なして自らを守ろうとし、私が牧会者として彼女の心の内に関われる道は完全に閉ざされてしまったのである。一人の人を誤った信仰に追いやってしまったこと、そしてそれを正すことができないという経験にいたく傷ついて私は帰宅したのだが、ふと思ったのは、ある意味で彼女が言う通りなのではないか、私が朗読した詩編の言葉を字義通り彼女は信じているのではないか、ということだった。それ以来私は、キリスト者の牧会や指導にこの詩編を使わないようにした。しかしそれ以上に、私は病床や学校で旧約聖書の詩編を使うことにとても慎重になってしまったのだった。新約聖書や私たちドイツのプロテスタントにとっての詩編の書、つまり賛美歌集から選んで朗読するようになった。徐々にではあるが不思議な力に動かされて、まず詩編、そして後に旧約聖書の他の箇所が、非キリスト教的で、旧約的・ユダヤ教的であることをはっきり意識するようになったからである [36]。

バーデン州ショップハイム（Schopfheim）におけるこの重要な経験において、実にヒルシュの未解決の諸問題が一堂に会したのであった。したがって、とりわけヒルシュの意見、つまり第一次世界大戦に負けたの

---

36 E. Hirsch, Das Alte Testament, 6 f.

は国民の犠牲精神の不足にあったのだ（この不足を彼は病の身となった女性に再び見出したのである。ドイツ・ユダヤ人の典型的な態度として！）という問題を孕む意見も、ここに姿を現している。しかし、彼の問い、すなわち、いかにして詩編のある一節を信仰の純粋な祈りとして理解し祈りうるのかとの問いによって、再び問題の複雑さを気付かされる。その問題には、（以下で説明するような）ヒルシュが与え、フリードリヒ・バウムゲルテル（Friedrich Baumgärtel）とその弟子フランツ・ヘッセ（Franz Hesse）が用いて擁護した解決とは異なる解決が必要であることは明らかだ。

　ヒルシュの主張は、ユダヤ人の旧約聖書にキリスト教的意味があるとすれば、それはキリスト教への反面教師である、というものである。つまり、キリスト者にとっての旧約聖書の意味は私たちの中に存在する福音に反抗するものを暴露することにあり、とりわけ、「私たちの中に存在する旧約聖書的な敬神」を暴露して「キリスト教的なものへと昇華させる」ところにある、という主張である[37]。とくにバウムゲルテルはこのヒルシュの主張をさらに先鋭化している。

　　キリスト者として私たちは、私たちの神との交わりへと達する道をとても自由に歩んでいる。しかし旧約的な敬神がそうであるように、私たちも束縛されている。（中略）それゆえ私たちはキリスト教徒として旧約の真っ只中にあり、旧約のように、旧約と共に、新約へと向かって努力するのである[38]。

　人々を教え導いて救いに至らせるにあたって、旧約聖書そして詩編が担う役割とは、それらが私たちに救いに反するものを示し、救いへの憧れを

37　E. Hirsch, Etwas von der christlichen Stellung zum Alten Testament: Glaube und Volk 1, 1932, 23.

38　F. Baumgärtel, Das Alte Testament, in W. Künneth / H. Schreiner (Hrsg.), Die Nation vor Gott, Berlin 1937, 106 f.

かき立てることにある。そもそも私たちにとって救いとは、新約聖書に耳を傾けることを通してのみ到達できるものなのである。詩編から私たちが学ぶのは、神がどのようなものでないか、である。バウムゲルテルは、そのことをいわゆるメシア的詩編に関する箇所で特に強調する。メシア的詩編では、暴力的な王としてメシアを歌いあげるが（詩編 2:9、110:5–7 参照）、真のメシアはそのようなものではない。神は私たちに、イエス・キリストの内に真のメシアを示し、与えたからである。

結局のところ、これらのメシア的詩編は「救い手である王」の終末的意味について語る。「救い手である王」とは、すでに到来しているものであり、その〔メシアとしての〕栄光（ドクサ）は現実の王の内にまさに隠されている。しかし彼〔来たるべき「救い手である王」〕の決定的到来によって、メシア的詩編の作者が実際の王にメシアとしての職務を重ねて語ったことが現実となる。すなわちメシア的王は、政治的、そして社会的な統合の幕開けをもたらす、ということである。しかし、救い手についてのこれらの歌は、キリスト者の共同体が見ている救い手、信仰告白している救い手からは遠いものである。キリスト教の救い手が持つ栄光（ドクサ）は、罪を赦す権能、そして、失われた人類を救うという、死と復活において成し遂げられた業にある[39]。

バウムゲルテルはさらに厳しく論じる。つまり彼は、イエスはメシア的詩編がかき立てる希望という希望のすべてと正反対の者であったのだから、「そのためにイエスは死ななければならなかったのだ」とさえ述べているのである。これらの詩編が歌う偽りの希望は、旧約的人間としての私たちの中に何度も現れる。イエスはそのような偽りの希望から私たちを救おうとしているのだ、と。これをこそがイエスの使命だと理解するためには、

---

[39] F. Baumgärtel, Zur Frage der theologischen Deutung der messianischen Psalmen, in: FS L. Rost (BZAW 105), Berlin 1967, 23.

これらのメシア的詩編が空中に描き出す蜃気楼の誘惑と私たちは対決しなければならない、という結論に至る。

　これらの詩編の神学的意味は、唯々「反対から」（e contrario）、つまり新約の使信とは正反対のものとして解釈するしかない。だが、メシア的詩編が新約に反するものであることは、福音宣教にとって非常に有益である。なぜならキリスト者に対して、信仰と、民族的・政治的統合や社会共同体の統合への憧れとを混同しないようにと警告する指標となるからである [40]。

司牧〔牧会〕的配慮

　以上のような教義学的な主張とは異なるが、何と言ってもさらに深刻な影響を及ぼすのが、司牧〔牧会〕の現場における経験や配慮からもたらされる、敵について歌う詩編（Feindpsalmen）に対する不満である。そもそも現代人は宗教色を帯びた暴力に敏感であるので、こうした敵や暴力に占められた詩編など受け入れられないという司牧〔牧会〕者たちの訴えは、場合によってはそれを訴える司牧〔牧会〕者自身の問題によるものだと判断できよう。しかしこのような詩編の他の問題の次元を孕んでいることも示しているのは確かである。以前は、典礼で用いるあらゆる言葉が「聖なるもの」だからとか、「神の言葉」であるからという理由で、多かれ少なかれ深い考えもなく受け入れられたものである。そのような〔聖書〕原理主義者的（fundamentalistische）なあさはかな議論がなくなったのは、それはそれで良いことだ。だが、まさにそうであればこそ、困難な問題を含む聖書の箇所に取り組むという挑戦を受けて立たなければならない。「司牧〔牧会〕的配慮」が聖書の箇所を選別する唯一無二の基準では決してないこと、そしてなぜそうであるのかを、次の章で簡潔に述べることにしよう（2章の「まったく説得力のない議論」、69頁以下を参照し

40　F. Baumgärtel, Zur Frage 24 f.

1章　多面的な問題

てほしい）。とは言え、司牧〔牧会〕的な考察を無闇に軽視することもふさわしくない。

　『聖書と教会』（Bibel und Kirche）という雑誌が「今日、詩編をどう祈るのか」というテーマで特集号を刊行したことがあったが（1980年）、そのなかでダッハウ（Dachau）[41] の女子カルメル会修道院長ゲンマ・ヒンリヒャー（Gemma Hinricher）が、修道院での詩編による祈りなどにおける経験を次のように書き記している。

　すでに1965年から私たちは「聖務日課」（Offizium）[42] を母語で唱えることを許されていた。母語で祈るのはダッハウを訪れる観光客の必要性や要望を考慮してのものであった。しかしそれは、同時に、それによっていわゆる「呪いの詩編」（Fluchpsalmen）や「報復の詩編」（Vergeltungspsalmen）、そしていくつかの詩編にある呪いの章句を修道院で行う交唱形式の祈り（Chorgebet）で唱えるのに、とてつもない難しさを感じることにもなった。母語で祈り始めてから間もなく、私たちはラテン語での祈りに戻っては、という誘惑に駆られた。というのは、なるほど母語であれば詩編の豊かさに親しむことができるとはいえ、ラテン語でなら詩編での祈りの欠点を覆い隠すことができるからである。私たちの修道院は「強制収容所の隣」に立地しているので、修道院の聖堂を訪れる人々は、強制収容所を訪れて心をかき乱され、打ちのめされている。そのような人々に向かって、人間を罰する怒りの神を歌う詩編や、しばしば残酷なイメージで敵の殲滅を歌う詩編——そこには殲滅や復讐への願望が含まれている——を朗読することは私たちにはできなかった。人々は強制収容所博物館の展示物や記録、さらには強制収容所の遺構によってその残虐さ非情さに心をかきむしられるだけではない。この強制収容所で犯された非人間的な出来事に直面

41　ドイツ、ミュンヘン郊外にある町。1933年から1945年までナチスの強制収容所が置かれ、第二次大戦後、その跡地の傍に女子カルメル会修道院が建てられた。
42　（訳注）『教会の祈り』の別称。「序言」注2参照。

することによって、かえって自分自身の中に存在する憎しみや復讐を求める感情に気付く人がしばしばいる。私たちの聖堂はこの敷地のなかで唯一の静かな場所である。強制収容所を見学した観光客は、北側の監視塔から出て、私たちの修道院と聖堂の前庭を通っていく。そこでふと足を止めて、静けさを求め聖堂に入る人は多い。心を落ち着けようとしている人々に向かって、呪いの詩編やその種の章句、あるいは殲滅を望んだり復讐を望んだりする聖書の箇所を読み聞かせることなど、当然ながらできるわけがない。

私たちの祈りは、人を促して和解へ、赦しへ、そして愛へと動かすものでなければならない。神の近さを感じさせるものでなければならない。「二人または三人がわたしの名によって集まるところには、わたしもその中にいる」（マタイ 18:20）——共に祈り歌うとき、イエス・キリストがその場に現存することを経験する。そのイエスは愛する者であり、和解や赦しをもたらすその愛は憎しみを克服するのである。

そういうわけで、私たちに明らかであったのは、どんなに聖書神学的に、あるいは文学的、解釈学的に議論の余地があるにせよ、呪いの詩編や呪いの章句は省くべきだということであった。私たちが最優先になすべきことは、強制収容所と私たちの聖堂を訪問する人々のための司牧的な奉仕である。「聖務日課」（Offizium）は奉仕の業であり、その第一は神への奉仕の業である。しかしそれは同時に人々への奉仕の業でもあり、この奉仕を徹底的に行うことが、『教会の祈り』（Stundengebet）を日々行う修道会共同体の任務である[43]。

同じ修道院長がさらに語る他の問題点も、大いに考えさせられる。

『教会の祈り』を自分自身のために個人的に祈るか、共同体において共

43　G. Hinricher, Die Fluch- und Vergeltungspsalmen im Stundengebet: BiKi 35, 1980, 55.

に祈るかでは、少しばかり違いがある。共同で祈るためには、とにかく満たすべき基準が確かに存在する。つまり、共同で祈るための祈禱文は、皆が共に祈れるものでなければならない。声に出して唱える祈りには固有の決まりがある。祈りの文を追体験するにはある種の限界があり、同じ祈りの文であっても個人で唱える場合と共同の祈りで唱える場合とではその内容が異なったものとして感じられたり、体験されたりするものである。個人の祈りでは呪いの詩編や呪いの章句も意識の下に「沈んで」、見逃されるということもある。『教会の祈り』では詩編の冒頭と結びで「先唱句」（Antiphon）[44]を唱える。先唱句はその詩編の聖書神学的意味をまとめる内容になっている。個人の祈りとして『教会の祈り』を唱える場合には、この交唱が詩編が個人の祈りとなるために効果を持つとしても、共に祈る場合には必ずしもそうはならない。呪いの詩編や呪いの章句を詩編の祈りから取り除くことに反対する人々は、大抵『教会の祈り』を共同で行ったことがないのではと思われる。少なくとも母語で祈ったことはないのではなかろうか。復讐や復讐の願望、それに類したことを言い表す聖書の箇所は、声に出して唱える詩編の祈り、詩編を共同で祈る祈りとしては耐えがたい。嫌悪感を引き起こすような章句のすべてを正しい聖書神学的説明の枠にはめることは、聖書神学的に考えても不可能である。いずれにせよ呪いの章句や殲滅願望を表す章句は、共同でなされる祈りに心理的な難しさをももたらすものである[45]。

44　（訳注）「先唱句は詩編の文学類型を明らかにするのに役立ち、詩編を自分の祈りにかえさせ、また見逃しやすいが注目に価することばを浮ぼりにし（以下略）」（『教会の祈り』総則 113 番参照）。

45　G. Hinricher, Die Fluch- und Vergeltungspsalmen, 56.

人道主義的倫理の名の下になされる反論

　詩編に対する最も攻撃的な反論がこれまでになされたのは、1992年に刊行されたフライブルグの心理学者で医師のフランツ・ブッグレ（Franz Buggle）の著書『なぜなら彼らは何を信じているのか知らないのです。あるいは、なぜ人はもはや、まじめにキリスト者たりえないのか——プロテストの書』であろう。彼の主張は、聖書全体、つまり旧約聖書だけではなく新約聖書もその本質的な部分で元来、暴力的で非人道的な書であるので、今日の人間に対して責任を担いうる倫理的基準によって拒絶すべきである、いやむしろそれに反対して戦うべきである、というものであった。その根拠として、詩編による多くの証拠や議論が引き合いに出されている。詩編が広く高い評価を受けていることに対して、彼は決然とこう断言している。

　　実際、詩編はどのようなものだろうか。考えもなく、反省を伴わない憎しみの感情や復讐心、自己正当化が広範にわたっている書物であり、このようなものは他にめったにお目にかかれないほどのものだ。（中略）そんなことは見かけだけだという反論すべてに対して、私はこう明言する。これほど過剰で抑えの利かない憎しみや復讐を願う言葉が刻み込まれた書物を私はかつて読んだことがない、と [46]。

　予断を持たずに聖書を読むなら、すなわち、そこに表されている暴力的で破壊的かつ非理性的な神のイメージを神学的に飾り立てず、復讐を求める憎しみの噴出やエゴイスティックな自己義認という傲慢さを「荘厳な」崇敬によって過小評価しないのであれば、敵愾心や暴力崇拝が神学的に正

46　F. Buggle, Denn sie wissen nicht, was sie glauben. Oder warum man redlicherweise nicht mehr Christ sein kann. Eine Streitschrift, Reinbek 1992, 79 f.

当化され、教会教導職によって広められていることを知って深く震撼するしかないであろう。それでブッグレはこう結論づける。

> 次第にそして最終的に明らかになるのは、聖書に対する真に重大な反論とは人間論的な種類の反論に他ならない、ということではなかろうか。神が7日間で世界を創造したのではないとか、太陽が静止しているか否かなどは、聖書に関する現代的な問題ではない。そのようなものはしばしば的はずれの議論でしかなく、「ブリキの兵隊」[47]と戦うようなものだ。問題とされるのは、聖書の神はまさに最高神にほかならないはずなのに、その発言の多くに見て取れるように、その神の倫理的道徳的水準が原始的かつ非人間的であることである。実に弱さや欠点は明らかにあるにしても、今日生きている人間が自分の知っている人間の中から、倫理的道徳的レベルが聖書の神のそれを大きく越えている人々を多く挙げることは難しくはないのである。これこそが、聖書に対する本質的な反論である。その反論は聖書からも生じるものではある。もっとも「苦しみや災難は神の罰である」というような非人道的で原始的な解釈を加えてはいるが、聖書も残酷で非人道的な現実をかなり正しく映し出しているのだから。しかしそれとまったく同様に、全能全知の、そして絶えざる愛そのものである善なる神が存在するのだという主張を前にした事実、被造物が被る終わりのない苦しみという事実からも生まれる。この古来の神義論の難問は、教会やその他の理神論護教家にとって今日に至るまで、解決されたというよりは目を塞いで見ないようにしている問題なのである[48]。

詩編は典礼のなかで、とりわけ『教会の祈り』のなかで絶えず用いられるものであるので、この破壊的で倫理的に倒錯した神のイメージが気付か

47　（訳注）本来の意味は銃の訓練で用いる人型の的。転義的に、議論を本筋からはずれさせるために持ち出される論点のすり替えを指す。

48　F. Buggle, Denn sie wissen nicht 86 f.

ないうちに影響を及ぼすということが起こりうる。暴力に取り憑かれ暴力を推奨する『詩編』が倫理を壊すとすれば、それは非常に危険なことである。なぜなら詩編が教会内部で高く評価されているばかりでなく、「自分たちは進歩的・啓蒙的であると思っている人々において、詩編が、聖書的・キリスト教的宗教性の疑いの余地がないほどの優位点（Pluspunkt）の一つ、と見なされているからである」[49]。

49　F. Buggle, Denn sie wissen nicht 78.

2章　採用できない解決法

　ここまで、「暴力の詩編」の神学的、心理学的そして司牧的問題につい
て説明してきた。その際、各所で問題を「解決する」方法の提案をすでに
いくつか言及してきたが、そのような解決法をより詳しく述べて評価する
ことが必要であろう。以下の議論は同時に、手掛かりや提案のまとめでも
ある。私たちは問題解決を提案するためにそれらを取り上げ、実り豊かな
ものとしたい。

無視する、あるいは修正する

　ある詩編が反感を呼び起こすとすれば、それに対処する簡単な方法は、
当然ながら、そのような詩編を無視するか修正することである。つまり、
キリスト教の「祈りの宝庫」からそのような詩編を閉め出すか、少なくと
もキリスト教の「気分」に合わせて切り整えるという方法である。実際、
詩編58編と83編、そして10:9が教会で行われる『教会の祈り』から外
されたり、多くの詩編から〔反感をもたらす〕章句が省かれたりした主な
理由は、これであった。
　詩編以外の書についても、聖書本文から一部を取り除くということは、
第二バチカン公会議以後の典礼において「好まれた」、「第一の契約の書」

2章　採用できない解決法

（旧約聖書）の取り扱い方である。ミサ（感謝の祭儀）での朗読箇所の選び方においても聖書本文の断片しか用いられないのは明らかである。一部だけを切り取ったり一部を削除したりすれば、それぞれの前後関係から切り離されてしまい、その箇所の固有の意味が失われがちである。それにまして、「第一の契約の書」（旧約聖書）から選ばれるべき朗読箇所は可能な限り新約の福音と合致した矛盾のないものでなければならない、という大前提が容赦なく適用される[1]。それにより、福音と対立したり、その障害となるような箇所は取り除かれることになる。

典礼的な鋏〔典礼に沿うよう聖書を切り刻むこと〕は、とくに「ユダヤ教的」に響く箇所、つまりイスラエルの歴史に紛れもなくつながっている箇所でなされる（例えば、王下 5:1–27 は、重い皮膚病を患ったアラム人の将軍ナアマンを預言者エリシャが〔その人格全体にわたって根本的に〕癒すという豊かな内容をもった物語であるのに、ミサの第一朗読〔C 年、年間 28 主日〕[2]では王下 5:14–17 という、およそ理解困難なエピソードに短縮されてしまっている。他の例は、「王であるキリストの祭日」で朗読されるエゼキエル書の箇所〔A 年〕が 34:11–12, 15–17 とされていて、「ユダヤ教的」イスラエルに向けての約束としか読めない 13–14 節[3]を削除している）。

刈り込み鋏が神学的に最も重要な箇所まで刈り込んでしまうこともある。例えば年間第 5 主日（A 年）の第一朗読はイザヤ書 58:7–10 であるが[4]、そ

1　（訳注）「聖書朗読において、神のことばの食卓が信者に備えられ、聖書の宝庫が開かれる。したがって、新旧両約聖書の統一と救いの歴史の統一を明らかにする、聖書朗読の配分が保たれるようにしなければならない（以下、略）」（日本カトリック典礼委員会（編）『ローマ・ミサ典礼書の総則（暫定版）』57 番参照）。

2　（訳注）ローマ・カトリック典礼でミサの朗読は、主日には 3 年周期（A 年、B 年、C 年）、平日には 2 年周期（偶数年、奇数年）での朗読箇所の配列が定められている。

3　（訳注）「わたしは彼らを諸国の民の中から連れ出し、諸国から集めて彼らの土地に導く。わたしはイスラエルの山々、谷間、また居住地で彼らを養う。わたしは良い牧草地で彼らを養う。イスラエルの高い山々は彼らの牧場となる。彼らはイスラエルの山々で憩い、良い牧場と肥沃な牧草地で養われる」。

4　（訳注）原著ではイザ 58:6a, 7–10。日本のカトリック教会では 7–10 節が朗読される。

の区切りは倫理的に最も重要なメッセージである 6 節（「わたしの選ぶ断食とはこれではないか。悪による束縛を断ち、軛の結び目をほどいて、虐げられた人を解放し、軛をことごとく折ること」）に目を向けさせないようにしている。人々を具体的状況から解放するための活動に取り組もうとしないという、教会の病状の表れなのだろうか。

　典礼を制定した人が、キリスト者を旧約聖書の「我慢ならない」神のイメージから守りたい場合にも、神学的に破滅をもたらす刈り込み鋏が現れる。その例として、年間第 24 主日〔C 年〕の朗読があげられる。この朗読では出エジプト記 32:7–14 からあろうことか 12 節が省かれている。しかし、モーセが神に向ける嘆願のなかで省かれた 12 節の願いは[5]、文学的にはこのまとまりのなかで中心であり、神学的には神のうちにまさに生じようとしている自己矛盾に神自身が直面する箇所である。神の「自己矛盾」とは、つまり、民をエジプトの奴隷状態から解放した出エジプトの神がその民が罪を犯したときに、民にとって破壊的な復讐の神となるということである。モーセが神と闘うという好ましくない箇所を飼い慣らそうとする似非神学の動機によるものであることは疑いがない。そのようなことが聖書の本文を「どうしようもなく台無しにする」[6]だけでなく、同時に、聖書が言おうとする神の真実、つまり「暴力を振るう」神が「暴力を放棄する」神へと「回心する」（神の「回心」はヨナ書の神学的プロットでもあるというのに！）というそれを切り捨て、排除することになってしまっている。

　そのことは、「三位一体の祭日」に用いられる朗読（A 年）のような、聖書本文の断片を集めた朗読箇所にも同様に当てはまる。一続きの聖書本

5　（訳注）「どうしてエジプト人に、『あの神は、悪意をもって彼らを山で殺し、地上から滅ぼし尽くすために導き出した』と言わせてよいでしょうか。どうか、燃える怒りをやめ、御自分の民にくだす災いを思い直してください」。

6　N. Lohfink, Exodus 32, 7–11.13–14 (24. Sonntag des Jahres), in: J. Schreiner (Hrsg.), Die alttestamentlichen Lesungen der Sonn-und Festtage, Lesejahr C 3, Würzburg/Stuttgart 1971, 47.

文から出エジプト記 34:4b–6, 8–9 を切り出して朗読するというのは、いくつもの理由から受け入れがたい。第一に、物語の前後のつながりの途中から始まるからである。しかも物語の連関を伝えることさえもしていない。第二に、7 節[7] を削除することは裁き手である神という否定的と受け取られる神のイメージを避けたいという意図を明示している。確かに、7 節のテーマになっている、世代を超えて伝わっていく罪と罰の連関という問題は簡単に消化できるような食べ物では決してなく、それを避けて通ることは許されない。だが、出エジプト記 34:6–7 にある弁証法（Dialektik. つまり、裁きの神が同時に、何よりも先に、限りない善と忠実の神である、ということ）においてその箇所を考えるなら、避けて通る必要もない。A. シェンカー（A. Schenker）が提案して根拠づけた、出エジプト記 34:7 の翻訳ないし釈義を受け入れるとすれば——つまり、7 節は父の犯した罪の「報復」が子に及ぶということを言わんとするのではなく、むしろ神が人々を罰する前に、四世代までもの間、罪のしがらみに閉じ込められた状態を共感をもって見守る神の忍耐を言い表す箇所であるとするなら[8]——、多くの聖書が示す翻訳に比べればより穏やかな意味になる。第三に、とくに酷いのは、10 節[9] で神が契約を結ぶと答えているというのに、朗読が 9 節で閉じられる結果、モーセが願った罪の赦しに対して何の答えもないままに終わってしまうことである。だがまさに 10 節の神の答えこそが聖書テキストの中心である。なぜなら、いわゆる「旧約聖書的な」処罰と復讐の神が〔人々に〕回心を望み（それは罪を確認するところから始まる。出エジプト

7　（訳注）「幾千代にも及ぶ慈しみを守り、罪と背きと過ちを赦す。しかし罰すべき者を罰せずにはおかず、父祖の罪を、子、孫に三代、四代までも問う者」。

8　A. Schenker, Versöhnung und Widerstand. Bibeltheologische Untersuchung zum Strafen Gottes und der Menschen (SBS 139), Stuttgart 1990, 86 f.

9　（訳注）主は言われた。「見よ、わたしは契約を結ぶ。わたしはあなたの民すべての前で驚くべき業を行う。それは全地のいかなる民にもいまだかつてなされたことのない業である。あなたと共にいるこの民は皆、主の業を見るであろう。わたしがあなたと共にあって行うことは恐るべきものである」。

34:9 参照 [10]）、罪を赦すことによって神は自らが善と忠実の神であることが示されているからである（つまり神は何度も繰り返し契約を結び直すのである）。

「典礼改革家」たちが朗読箇所に対して乱暴にも（ある場合には「暴力には暴力で対抗せよ」というモットーでなされた）切除手術を施したことは、『教会の祈り』での詩編朗読やミサの答唱詩編（旧約聖書からの朗読に応答する詩編の朗唱）にも適用された。それもいい加減にではなく「善意で」なされたということを私は否定するつもりはない。この問題については、いずれにせよ第二バチカン公会議そのもののなかで議論されたし、その後もバチカン当局においてさまざまな議論が徹底的になされたので、その結論をおいそれと判断することは難しい。それにもかかわらず、今決められていること、つまり問題視される章句を省くという決定は、私にしてみれば、最悪の決定であった。なぜなら、詩編の「形態と全体としてのメッセージ」をあらゆる意味で破壊しているからだ。

当然ながら、例えば芝居をするときに、脚本を変えたり短くしたりすることは絶対に（a priori）あり得ないというわけでもない。だがそうするのはそもそも、芸術的な理由や演劇効果や詩的な観点によってである。ときにはほとんど別の新しい作品のようになってしまうこともあるが、はっきりと断った上でそのような変更を加えるのであるし、それは原作と芸術的・政治的に格闘するためのもう一つの創作活動なのである。だが、例えば詩や短い物語のような短い章句を朗読する場合でも同様にしてよいというのは、おおよそ正しくない。ソネット、すなわち十四行詩から一つの行を省略するなら、そもそもソネット（十四行詩）ではなくなってしまう。叙情詩から一つの行を省略するとすれば、詩的イメージの緊密な構成はばらばらになってしまう。あるいは、ベルト・ブレヒト（Bert Brecht）の社会批判詩に政治的意図による検閲をかけ、重要な点を

10　（訳注）（モーセは）言った。「主よ、もし御好意を示してくださいますならば、主よ、私たちの中にあって進んでください。確かにかたくなな民ですが、私たちの罪と過ちを赦し、私たちをあなたの嗣業として受け入れてください」。

2章　採用できない解決法

削除するとすれば、それは決して芸術行為ではなく芸術に対する蛮行であ
る。だがまさにこのことが、『教会の祈り』やミサの「答唱詩編」で用い
られる詩編の章句から多くを削除する際に行われた。ここで考えられる別
の可能性は、詩編に検閲をかけず原典のままに「朗唱する」か、あるいは
典礼の「演奏曲目」から完全に外すかしかない。妥協は許されず、「第三
の道は無い」（Tertium non datur）のだ。

第二バチカン公会議での議論

　公会議の全体会議場においても、そして公会議の前後、あるいはその最
中に開催された聖書委員会の会議においても、いわゆる呪いの詩編と復讐
の詩編ないし同様の章句〔を典礼に取り入れること〕に反対する意見が出さ
れた。それは主に四つのタイプの議論に分けることができる。
　（1）福音に示される愛の掟にあまり合致しないもの、あるいはそれに
まったく反するような詩編は典礼において使用するべきではない。少なく
とも、ごく限られた機会にしか唱えてはならない。この意見はすでに、典
礼準備委員会委員長であるアルカディオ・M. ラッラオーナ枢機卿（Arca-
dio M. Larraona）が述べている。

　教会で行う『教会の祈り』で『詩編の書』を使用する場合には、次のよ
　うな変更を行うことが好ましい。つまり（中略）福音における愛の霊に
　よく合致しないと思われるいくつかの詩編は省くか、あまり唱えないよ
　うにするのがよい [11]。

　すでに中央委員会でこの問題が最初に審議されたときに、エルネスト・

11　「請願」（Votum）のラテン語原文は V. Huonder, Die Psalmen 6 Anm. 26 による。
（訳注）「請願」は公会議等に審議を求めて提出される意見のこと。

日本キリスト教団出版局

新刊案内

2019.9

敵への報復を訴えることばは、果たして祈りなのか——
ドイツの著名な旧約聖書学者が「復讐の詩編」の真相に迫る

復讐の詩編をどう読むか

E.ツェンガー　佐久間 勤 訳

「詩編」を読む人が一度はつまずき、問いを覚える「敵への報復や復讐を願うことば」。詩編の歌い手が置かれていた時代や状況、テキストの分析を通して、著名な旧約聖書学者がそれらに挑む。礼拝や典礼においてこれらの詩編を実際に祈るための提案もなされる。

●A5判・上製・216頁・3,600円《9月刊》　**最新刊！**

〒169-0051 東京都新宿区西早稲田 2-3-18
TEL.03-3204-0422　FAX.03-3204-0457
振替 00180-0-145610　呈・図書目録
http://bp-uccj.jp
（ホームページからのご注文も承っております）
E-mail　eigyou@bp.uccj.or.jp
【表示価格はすべて税別です】

詩編を読もう 下 ひとすじの心を

広田叔弘

詩編を読む「旅」のガイドブック。詩の中で嘆きが賛美に変えられていくのを読みながら、私たちもまた、嘆きの底から引き上げられていこう。下巻では詩編の後半（70編以降）から20編を取り上げて解説。詩編と新約聖書と現代世界を自由に往還しつつ、詩編を読む喜びに私たちを招く。
●四六判・並製・224頁・2,000円《8月刊》

詩編を読もう 上 嘆きは喜びの朝へ

広田叔弘

「嘆き」と「賛美」という相反する要素を含む詩編をどう読むのか。上巻では詩編の前半（69編まで）から精選した詩を取り上げ、キリストを証しする書として読み解く。各章末には祈りを掲載し、詩編に基づく祈りへと読者を促す。詩編のメッセージを汲み取るのは難しいと思う方にお勧めの書。
●四六判・並製・224頁・2,000円《7月刊》

遠藤周作と井上洋治
日本に根づくキリスト教を求めた同志

山根道公

1950年に運命的な出会いをしてから約50年にわたり、同じ目標に向かって歩み、互いの最もよき理解者であった、遠藤周作と井上洋治。遠藤研究の第一人者であり、井上神父の活動を支えた著者が、2人の言葉や歩みをたどりながら、その秘められた思いを描き出す。
●四六判・並製・216頁・2,000円《7月刊》
【好評発売中】
『井上洋治著作選集』全10巻＋別巻 山根道公 編・解題　各2,500円

ルッフィーニ枢機卿（Ernesto Ruffini）は、詩編 55、58、83、109、129、137、140 編を名指しして、それらを省略するように提言している[12]。それ以来これらの詩編は問題の核心にあるものとして疑われず、復讐の詩編に反対する人々が必ず引き合いに出すものになった。そのような反対者には中央委員会委員ジョヴァンニ・モンティーニ枢機卿（後の教皇パウロ 6 世）もいた。

（2）信仰心や内心の平安をつちかうことのない詩編は、顧みられるべきではない（ドメニコ・カポーツィ大司教［Domenico Capozi］が書面で提出した「請願」［Votum]）[13]。

（3）呪いの詩編は、キリストへと向かう途上にある、そしてキリストによって廃止され完成されるべき啓示の歴史の未完成な段階における表現や記述である。他にも旧約の多くのこと（例えば、祭儀に関する律法のすべて）が新約によって超えられている。イエスが祈りに使ったとはとても思えないような詩編も同様である。新しい契約には新しい歌と祈りが必要だ。議論に加わった委員のなかには、これらの詩編の多くは、イスラエルの歴史――それは私たちの歴史ではない――にあまりに強くつながっているので注意が必要だ、という意見に同調する人々もいた。この救いの歴史を進化論的に考え、つまり旧約が新約によって超克されるとする考えから、公会議において次のような一連の議論が盛んになされた。つまり、原則として一部の限られた詩編のみを選択することによって『教会の祈り』をより一層キリスト教的な祈りにするべきで、新約聖書の章句、とくにキリスト教的賛歌をこれまで以上に用いるのがよいとの主張である。

（4）多くの「請願」（Votum）は司牧的、心理学的観点から論じられるものであった。すなわち、ユダヤ教的色彩の強い詩編や、理解困難な詩編、あるいは反発や拒絶といった反応を自然に引き起こすような詩編は、いくつかの場面――とりわけ『教会の祈り』を母語で唱える場合や、聖書とそ

---

12 「請願」（Votum）のラテン語原文は V. Huonder, Die Psalmen 6 f. Anm. 30 による。

13 「請願」（Votum）のラテン語原文は V. Huonder, Die Psalmen 11 Anm. 11 による。

の言葉遣いに精通していない人々が唱えるような場合——では使用しないようにすべきだ、とのものである。これに関するエルネスト・ルッフィーニ枢機卿の議論は次のようであった。

詩編をどんなに高く評価してもしすぎるということはない。聖アタナシウスは『詩編の書』を聖書の他のどの書物よりも上に置いた。なぜなら『詩編の書』は、聖書の他の書物に記されていることのすべてがそこで育まれている庭園のようなものであるからだ。聖トマス〔・アクィナス〕はこう言っている。詩編の中に神学の全体が纏められている、と。ルターでさえも声高に叫んだ。「聖霊は詩編の書の中にすべてを、あたかも要綱（Kompendium）に纏めるようにして、刻み込んでいる。だから、聖書全体を読むには十分な時間がない人々でも、聖書の実りを諦めなくてもよいのだ」と。とはいえ私はこうも考える。『教会の祈り』の朗唱においては、とくにそれが母語で行われ、少なくとも修道士・修道女たち（つまり司祭でない人々）と一般信徒が唱える場合には、いくつかの詩編を絶対に省かなければならない。それはすなわち呪いの詩編のことである。詩編 69 編の 23 節から 29 節を読めば、どれほど心がかき乱され、怯えさせられることか。詩編の歌い手は次のような言葉で〔神が〕敵を懲らしめるよう願う。「どうか、彼らの食卓が彼ら自身の罠となり、仲間には落とし穴となりますように。彼らの目を暗くして見ることができないようにし腰は絶えず震えるようにしてください（以下省略）」。実に聖トマスはその卓越した智恵と鋭い洞察力によって詩編の呪いの言葉をふさわしく釈義し理解できるようにした。（中略）とは言え、十分な聖書学の素養のない人々は多く、そのような隣人を呪う詩編の言葉にいとも簡単に傷つけられるのである（以下略）[14]。

審議における多数の意見は、詩編（あるいはその一部分）を『教会の祈

14　「請願」（Votum）のラテン語原文は V. Huonder, Die Psalmen 8 f. Anm. 38 による。

り』から削除したり省略したりすることに反対するものであった。それな
のに、教会による検閲に反対する人々も、解釈学的、聖書神学的な議論を
深める機会を逸してしまった。彼らは主に、二千年にわたる伝統と、そし
て、詩編もそこに含まれる「神の言葉」としての聖書の権威を振りかざし
て（ほとんど聖書原理主義者のような）議論を展開した。例えば、公会議第
1 会期（1962 年）と第 2 会期（1963 年）の間、『教会の祈り』の素案を
1962 年の議論の結果に従って作るという任務が典礼委員会の小委員会に
対して与えられたのだが、この小委員会のスポークスマンであったアルベ
ルト・マルティン（Albert Martin）司教は、出来上がった素案を公表する
際に、作業の過程を次のように要約している。

（公会議の）教父たち[15] の幾人かは、呪いや復讐が言われているような詩
編だけでなく、「終末のことがら」（死後の生命）に関する啓示が不完全
にしか提示されていない詩編、さらには、歴史（つまりイスラエルの歴
史）を証言するような詩編、そして信仰心を育むのに妨げとなるような
詩編を、「ブレヴィアリウム」（Brevier）[16] から排除することを望んだ。こ
の委員会に属する他の公会議教父たちは、この意見に真っ向から反対で
あった。すなわち、詩編の書全体が聖書の宝物に属するのであって、私
たちの精神的な能力の限界や弱さによって今は十分に理解されない箇所
も、やはり霊感によって書かれたものであると私たちは信じるという意
見であった。詩編の本文から恣意的に取捨選択するとすれば、合理主義
者となる誘惑に私たちも陥る恐れがある。その上、私たちの分かたれた
兄弟たち〔プロテスタントのキリスト教徒たち〕に不信の念を抱かせるこ
とにもなりかねない。「かつて書かれた事柄は、すべてわたしたちを教
え導くためのものです」（ローマ 15:4）。そうでなければ、新約聖書を用

---

15 （訳注）公会議に出席した司教たちを「教父」と呼ぶ。

16 （訳注）修道共同体で行われた聖務日課に対し、13 世紀頃から司祭の毎日の祈りの
ため聖務日課全体を簡便に示す書物「Breviarium」（短くされたもの、の意）が作られ
た（『新カトリック大事典』参照）。

2章　採用できない解決法

いている聖なる典礼（ミサ）の部分をも取り除かなければならないというこ
うことになってしまう。新約聖書にもそのような箇所（その上旧約聖書
からの引用までも）が存在するからである[17]。

　1968 年にアイメ・ゲオルゲス・マルティモール（Aime Georges Marti-
mort）が、公会議から『教会の祈り』の改革を具体化する任務を受けてい
た典礼委員会で多数を占めた同様の議論を、さらに強硬な表現で纏めてい
る。

　そのような詩編があれやこれやの（礼拝）集会で使われるにはふさわ
しくなく、その上表現形態が今となっては適当ではないという意見は、
聖アンセルモ会の一人の修道士が結論づけたように、すべての詩編が
現代の考え方にはまったくそぐわないということを根拠としている。
だがそうだとすれば主観主義が支配し、その他の聖書と福音書の本文
にも、もはや確実さがないことになってしまう。考えうる解決は、詩
編の章句を取捨選択して新しい詩編集、つまり古代シリアの教会で行
われたような、『詩編の書』の代用となる賛歌を創作することであろう。
しかしそれは 25 年来盛んであった聖書本文を重んじる考え方への逆行
であり、暫くすれば新しい作品が作られて、前のものは飽きられてし
まうだろう[18]。

　その他の点に関して、教会でなされる『教会の祈り』の構成要素として
『詩編の書』全体を使うべきだという立場の擁護者たちは、1967 年の司教
会議（Bischofssynode）で明確に表明された教導職の公式見解が自分たち
を後押ししてくれることを知っていた。1967 年 10 月 26 日の司教会議の
場に出された四つの問いの一つは、『教会の祈り』の伝統的形態、つまり

17　ラテン語原文は V. Huonder, Die Psalmen 12 Anm. 50 による。
18　ラテン語原文は V. Huonder, Die Psalmen 101 による。ドイツ語訳もそこに掲載。

4週間を一つの周期とする詩編朗唱の通常の流れの中に、呪いや裁きの詩編を含むすべての詩編を配列するという形態を守るべきかどうかというものであった。それに対する答えは、117票が賛成、25票が反対、31票が「条件づき賛成」（iuxta modum）であった。「修正意見」（modi）は三つの呪いの詩編を通常の4週の周期の中に配置するのではなく、全員に義務づけられてはいない「時課」[19] の中に配置することを求めるというものであった。あるいは、聖書に精通した者がそれらの詩編をよく説明することによって、正しく理解して祈り、霊的な実りを得られるようにするべきだ、という意見もあった [20]。

　公会議に出席した教父たちの多数意見、1967年の司教会議の圧倒的な多数意見、そして「ブレヴィアリウム」改革を行った典礼委員会での多数意見は（個々の意見の動機は何であれ）、『詩編の書』全体が保たれることを望んでいた。それにもかかわらず教皇パウロ6世は、これらの「請願」（Votum）に反対し、『詩編の書』をそのまま使うことに反対した。彼は、すでに枢機卿時代に公会議準備委員会においてはっきりと主張した自説を、教皇として押し通したのであった。

1971年のローマの決定

　教皇自身の介入に基づいて決定がなされ [21]、1971年に公刊された『教会

19　（訳注）ローマ典礼の聖務日課（教会の祈り）には、聖ベネディクトの『戒律』に起源を持つ「朝課 (matutinum)、一時課、三時課、六時課、九時課、晩課 (vesperae)、終課、および夜課 (nocturnus、vigilia)」という定時の祈り、つまり「時課」があり、「朝課」と「晩課」は一般信徒にも開かれていた（『新カトリック大事典』参照）。本文に引用されている提案は、問題の詩編を一般信徒には縁遠い「時課」のほうに配置して唱えるようにする、というものである。

20　A. Bugnini, Die Liturgiereform. 1948–1975. Zeugnis und Testament, Freiburg 1988, 540.

21　これに関しては V. Huonder, Die Psalmen 19 f., 97–99 参照。

2章　採用できない解決法

の祈り』の「総則」第131項において、次のように定められた。

　　呪いの色彩が強い58、83、109の三詩編は「年間共通」の詩編書から
　　省かれる。同じく、いくつかの詩編からある節を省くが、それはそれぞ
　　れの詩編にしるされている。これらの省略はある心理的困難を避けるた
　　めのものである。ただし、呪いの詩編は例えば黙示録6・10のように
　　新約の信心にも見いだされるし、決して呪いの精神を吹き込むためでは
　　ない[22]。

　「総則」に解説された教会による「検閲」の犠牲となったのは、次の詩
編章句である。すなわち、5:11、21:9–13、28:4–5、31:18–19、35:3a, 4–8,
24–26、40:15–16、54:7、55:16、56:8、59:6–9, 12–16、63:10–12、69:23–
29、79:6–7, 12、110:6、137:7–9、139:19–22、140:10–12、141:10、143:12
である。

　『教会の祈り』の「総則」の中で導入されたこのような詩編の省略の試
みは、可能な限り「非暴力的な」教会の祈り、つまり、感情をかき立てる
のではなく、むしろ和らげてくれる詩編の祈りを作ることを目的としてい
た。しかしそれが『ミサ典礼書』の「答唱詩編」を選ぶ際の指針となった
ことも明らかである[23]。ただ「美しく」、気安く「同調できる」ような詩編
ないし詩編の一部のみを典礼で使用するという意向は、ここで首尾一貫し
て実行に移されている。主日に配分されている詩編ないし詩編の一部に目
を向けるとき、次の三つの見地を見逃すことができない。

　（1）『詩編の書』に収められた詩編全体の約半数が、「答唱詩編」に採
用される「名誉」から外されてしまっている。

　（2）敵や暴力のモチーフ、さらに神への疑いが現れる嘆きの詩編は、

22　（訳注）和訳は、「総則」、典礼司教委員会（編）『教会の祈り』1973年、（30）–
（31）頁より引用。

23　批判的分析は L. Vanlanduyt, The Psalms in the Catholic Sunday-Liturgy: QL 73,
1992, 146–160 を参照してほしい。

66

まったく、あるいはほんの例外的にしか顧みられていない。それとは対照的に、神への賛美や神への信頼を熱情的に歌う肯定的な詩編は、繰り返し「答唱詩編」として歌われる。その最も顕著な例である詩編23編は、7回も「答唱詩編」として選ばれている。それに次ぐのは詩編33編、34編、96編、104編で、これらは5回選ばれている。

(3) 詩編の語句全体を歌うことになっているのは、詩編15編、23編、117編、121編、122編、123編、126編、128編、130編、131編、138編に限られる。「答唱詩編」として選ばれたその他の詩編は、その一部のみが朗唱されることになっている。その際、感情を逆なでするような要素は「首尾一貫して」切除される。それにより、切除後に残った詩編本文を用いて祈るなら、聖書本文をそのまま使って祈るのとはまったく異なる祈りのダイナミズムが生まれる、というまでになっている。

『教会の祈り』の「総則」の言葉に基づいて「ある心理的困難を避けるため」に詩編を切り刻むのは、とりあえずの理解は得られるかもしれない。しかしローマから発せられる公文書をよく見れば、そもそもなぜこのような詩編の扱いが許されるのかが判明する。それは、詩編が旧約聖書の一部であるという神学的な価値判断に基づくという理由である。だがこのような考えは深刻な問題をはらんでいて、たとえ公会議で呪いの詩編の反対論者が何度それを主張したとしても、もはや受け入れがたい考え方だと私は考える。『総則』に述べられている詩編の神学的価値判断は、次の三点に要約できる。

(1) 詩編が旧約聖書の書物である限り、詩編は、他の旧約聖書諸文書と同様、つまるところ不完全なものであり、この不完全さはキリスト教以前に生まれたことによる。

　教会の祈りは、主・キリストのうちに現われた「時の充満」から力を受けとるが、詩編はただその影を写し出しているにすぎないから、すべてのキリスト者が一致して詩編を非常に高く評価しているとしても、ある人がこのすぐれた歌を自分の祈りにしようとするとき、ある種の困難を

ときには感じることがあっても不思議ではない。（第101項）[24]

　（2）詩編には、他の旧約聖書の文書と同じく、啓示神学的に固有の価値を持った固有の言葉というものは存在せず、その意味はイエス・キリストからのみ明らかになる。よって、キリストへの信仰に基づいて読まれ、祈られるべきものであるばかりでなく、相対化されるべきものでもある。

　　教会の名によって詩編を唱える者は詩編の十全な意味、特にそのメシア的意味を考慮しなければならない。教会が詩編を用いるのはそのためだからである。このメシア的意味は新約において完全に現わされ、さらに使徒たちに仰せになった主・キリストの次のことばによって宣言された。「わたしについてモーセの律法、預言者、詩編に書きしるされたことは、すべて実現されなければならない」（ルカ 24:44）。（第109項）[25]

　（3）詩編の語句の文字通りの意味は非キリスト教的なものであるのだから、『教会の祈り』として用いるには、まごうことのないキリスト教的な文書と関連づけることによってキリスト教化しなければならない。

　　ラテン教会の伝統のなかで、詩編を理解させるため、あるいはそれをキリスト教的な祈りにするために大きな役割を果たしたものは表題、詩編祈願、特に先唱句の三つである。（第110項）[26]

　ここで前提とされている、キリスト者が用いる聖書における旧約と新約の関係に関する規定は、聖書のこれら二つの部分自体の自己理解とはまったく合致しない。それに、詩編をメシア的な意味で解釈するという狭い解釈は、新約聖書が詩編を受け取る仕方と矛盾している。だがこれ

24　（訳注）和訳は『教会の祈り』、1973 年、(26) 頁から引用。
25　（訳注）和訳は前掲書 (28) 頁から引用。
26　（訳注）和訳は前掲書 (28) 頁から引用。

らの点をここで詳しく論じるまでもないであろう。他のところですでに
さまざまに論じられてきているからである[27]。しかし、特に問題とするべ
きことがあるとすれば、このような詩編の扱い方の問題点を教会がまっ
たく考えていないということ、詩編が真正なユダヤ的祈りであるという
こと、そしてだからこそ、まさに第二バチカン公会議によって開かれた
ユダヤ教に対するキリスト教からの新しい見方の地平からして、ユダヤ
教とキリスト教の関係という問題が最優先課題となっている、というこ
とである。ローマから発せられる公文書は、私が見る限り、まったくそ
のことに触れていない。

まったく説得力のない議論

　教会当局による「詩編検閲」を正当化しようとしたときに持ち出される
根拠のほとんどは無益であり説得力を持たないという事実とその理由は、
次の四つの考察によって裏付けられよう。
　第一に、キリスト教の名のもとに——キリスト教はユダヤ教より優れ
ていて、より倫理的な宗教だから——、そしてとりわけイエスの愛と平
和についての「新しい」倫理を引き合いに出すことによって、旧約聖書
の復讐や敵に関する詩編を排除したり[28]、手を入れて作り直そうとする者

27　E. Zenger, Das Erste Testament. Die jüdische Bibel und die Christen, Düsseldorf
³1993; ders., Am Fuß des Sinai. Gottesbilder des Ersten Testaments, Düsseldorf 1993.
28　このような思い込みがキリスト教の歴史にいかに深く根を下ろしているかを、例
えば若きヘーゲルによる次のような文章が証明している。「精神を認識するのは精神の
みである。彼らはイエスの内に人間性のみを見た。ナザレ人であり、大工の息子であ
り、その兄弟たちや親戚は彼らと一緒に生活している。イエスはそれだけの者であって
それ以上の者ではありえない。自分たちと同じ一人の人間であり、自分たちと同じく
『無』である者だ、と。ユダヤ人の大衆に向けてイエスは、何か神的なものに関する意
識を彼らに与えようと試みたが、失敗に終わるしかなかった。なぜなら何か神的なも
の、何か偉大なものへの信仰は、掃き溜めには住めない。ライオンはクルミの殻の中に

は、少なくとも一度は、二重の聖書学的所見を考慮に入れなければならない。

その一つは、そのような聖書の文書が対立するのは新約聖書が初めてなのではなく、むしろユダヤ教聖書ないし第一の契約自体の内部ですでに他の文書と対立関係がある、ということである。敵を愛せよという掟（レビ19:17–18）は、トーラー（律法）の中心を占めている。それは決して数多い掟の中の一つというようなものではなく、出エジプト記 23:4–5、申命記 22:1–4、箴言 25:21、シラ書 28:1–7 などの箇所に繰り返し登場する重要な掟である。さらに、レビ記 19 章における敵を愛せよとの掟はユダヤ世界に限られていない。本文を読めば明らかだが、レビ記 19:33–34 に記された外国人への愛の掟がまさに、レビ記 19:17–18 における敵を愛せよとの掟の「更新版」（Fortschreibung）となっているからである。シラ書の章句が復讐を禁じ、進んで和解に努めるようにとの教訓を熱情的に説いていることは明らかだ。シラ書 28:1–7 はレビ記 19:17–18 を反映したものであり、それによって再度、初期ユダヤ教において敵を愛せよという掟が重要な意味を持っていたことが明らかになる。

　復讐する者は、主から復讐を受ける。
　主はその罪を決して忘れることはない。
　隣人から受けた不正を赦せ。
　そうすれば、願い求めるとき、お前の罪は赦される。
　人が互いに怒りを抱き合っていながら、
　どうして主からいやしを期待できようか。
　自分と同じ人間に憐れみをかけずにいて、
　どうして自分の罪の赦しを願えようか。
　弱い人間にすぎない者が、憤りを抱き続けるならば、

は収まらない。無限の精神はユダヤ人のたましいの牢獄には収まらない。生命の全体は一枚の枯れゆく葉の中には居ない」(H. Nohl [hrsg.], Hegels theologische Jugendschriften, Tübingen 1907, 312 参照)。

いったいだれが彼の罪を赦すことができようか。

自分の最期に心を致し、敵意を捨てよ。

滅びゆく定めと死とを思い、掟を守れ。

掟を忘れず、隣人に対して怒りを抱くな。

いと高き方の契約を忘れず、

他人のおちどには寛容であれ。（シラ 28:1-7）

詩編 137 編の、バビロンに対する無力を嘆く叫び（それについては、以下の 3 章の「詩編 137 編　無力な者に残されたもの」、127 頁以下を参照してほしい）を旧約聖書的・ユダヤ的なものの典型だとして切り捨てる人は、次のことを知るべきであろう。例えば、預言者エレミヤは紀元前 597 年に強制移住させられた人々に宛てて手紙を送っているが、そのなかで、バビロンのために祈るように求めている（エレミヤ 29:7）。神の怒りの懲罰、つまりイスラエルに対する裁き、イスラエルの敵に対する裁き、そして罪を犯した人間全体に対する裁きの神学は、旧約聖書の内部でも問題視されていて、聖書原理主義者がするような誤解に陥らないように守られている。そのことはイザヤ書 54:6-10、ホセア書 11:1-11、ネヘミヤ記 9:6-37（以上、イスラエルへの裁きについて）、ヨナ書（イスラエルの「不倶戴天の敵」への裁きについて）、聖書の洪水物語（人類ないしすべての生きているものへの裁きについて［創世記 8:21-22、9:8-17]）からも読み取れる。「第二の契約（新約）」になってようやく暴力や復讐に対抗するようになったのではなく、それはむしろずっと以前から、すでに「第一の契約（旧約）」から始まっていたのである。カインがアベルを殺すという原初史の物語は歴史的事実の報告ではないとはいえ、暴力が根源的罪（原罪）そのものであることを暴露している（創世記 4:6-8、10-12）。しかも暴力的犯罪者であるカインを復讐から保護してすらいる（創世記 4:15-16）。政治や社会におけるあらゆる形の暴力に対しても、イスラエルの預言者の誰もが口を揃えて抗議する。預言者による暴力批判がコインの一つの面であることは明らかだ。もう一つの面である平和のユートピアを思い描く言葉は、人々に、社会と

政治を積極的に「非敵化する」ためのひらめきと動機を与えようとする（よく知られた章句としては、イザヤ2:1-5、ミカ4:1-5、イザヤ11:1-10、そして創世記1:29-30がある）。第一の契約の神を「復讐の神」として告げ知らせようとすればするほど（復讐の神について理解を深めるには、以下の4章「敵に関する詩編・復讐の詩編の解釈」、151頁以下の考察を参照してほしい）、「赦しを与える神」、復讐を執行しない神を告げ知らせる一連の章句（その例として、ヨナ書の主題が挙げられる）と対立することになる。

「彼」を探し求めよ、
彼は見つけさせてくれるから。
彼に呼びかけよ、彼は近くにおられるから。
邪悪な者は、彼の道から離れ去るように、
邪さの人間は、彼の企みから。
「彼」へと向き変えるように、
そして彼は彼を憐れむであろう。
私たちの神へ、
なぜなら彼は赦しにおいて偉大だから。
なぜなら、
「私の計画はあなたたちの計画と同じではない、あなたたちの道は私の道と」、
（これは）「彼の」解説。
なぜなら、
「天は地の上に高い、
そのように高い、
私の道はあなたたちの道の上に、
私の計画はあなたたちの計画の上に」（イザヤ55:6-9、ブーバー訳より）

〔聖書学的所見の〕二つ目は、新約聖書自体が、「旧約は暴力、新約は非暴力」とする単純化した分類が正しくないことを示している。すなわち、

新約聖書は旧約聖書の暴力に関する箇所を「肯定的」に取り上げ（申命記 32:35–36 が、ルカ 21:20–24、ローマ 12:19–21、ヘブライ 10:30 に取り入れられ、暴力的なメシアを歌う詩編 2 編が黙示録 2:26–27、12:5、19:15 で引用されるなどの例）、展開している。それと共に、数多くの章句において、特に終末論的な章句の文脈における復讐を求める暴力的な神についての言葉は、旧約聖書を凌駕するほど暴力的である。そのことはすでにマルキオンが見ていたことである。マルキオンは暴力を含まないキリスト教的聖書を作り出そうと努力する中で、旧約聖書を破棄したばかりでなく、新約聖書も独断で継ぎ接ぎしたのであった（その結果「浄められた」ルカ福音書の他に、同様に「浄められた」パウロの手紙 10 通だけが残された）。これは、聖書と教会の批判を行ったフランツ・ブッグレ（Franz Buggle）の重要な見解でもあった。彼が引き出す結論に同意できないとはいえ（詳細な点について見解が異なることが多い）、私たちはこれと真剣に向き合わなければならない。

旧約聖書と新約聖書との間には、律法に反する行為や邪悪な人間、罪人などにどう関わるかについての根本的な相違がないのではあるまいか。（中略）
共観福音書に、つまり聖書学のほぼ一致した意見によれば最も早期に記された真正な福音書であるマルコ、ルカ、マタイによる福音書に目を向けるなら、予断を持たないで読む読者は、やはりそれらにおいても以上で述べたことがら、つまり、共観福音書に叙述されたイエスの行動に出会うことになる。イエスは「同情的」な傾向を持っていて、倫理的、人間的な意味で肯定的に評価することができる。例えば彼は、病者を癒し（それと同じくしばしば悪魔を追い出すことが伝えられている）、死者をよみがえらせ、徴税人や罪人に進んで近づき、杓子定規に凝り固まった安息日の守り方に対抗し、支配する者ではなく仕える者となることや、神と隣人への愛に生きること、暴力を放棄し敵を愛することを要求した。しかしそれは、明らかに聖書に一貫して存在する、極端に暴力的な処罰願

2章　採用できない解決法

望と処罰の威嚇（水責めや火あぶりなどの、教会の精神的支配下にあった中世で行われた刑罰を考えないわけにはいかない）と同一線上にあり、それに深く根ざしているものなのである。イエスは言う。「わたしを信じるこれらの小さな者の一人をつまずかせる者は、大きな石臼を首に懸けられて、深い海に沈められる方がましである。世は人をつまずかせるから不幸だ。つまずきは避けられない。だが、つまずきをもたらす者は不幸である」（マタイ 18:6, 7。並行マルコ 9:42 とルカ 17:2）。

このような処罰願望と処罰の威嚇——その特性をこれ以上説明する必要はないが——のすぐ後で、イエスの言葉はこう続く。「もし片方の手があなたをつまずかせるなら、切り捨ててしまいなさい。両手がそろったまま地獄の消えない火の中に落ちるよりは、片手になっても命にあずかる方がよい。もし片方の目があなたをつまずかせるなら、えぐり出しなさい。両方の目がそろったまま地獄に投げ込まれるよりは、一つの目になっても神の国に入る方がよい。地獄では蛆が尽きることも、火が消えることもない」（マルコ 9:43, 47–48。並行マタイ 5:29–30。傍点は原著に基づく。いずれも山上の説教の枠を形成している）[29]。

このようにしてイエスは、新約に特徴的な処罰の考え方を導入する。つまり、地獄における永遠の罰という考え方である。地獄での罰による威嚇によって、キリスト教の歴史のなかでどれほど多くの人々が救いから完全に遠ざけられ精神的に荒廃させられてきたかを、過小評価することなどできない。これまでの宗教教育を通して慣れ親しんだことから一度は自分を解放し、永遠に続く酷い苦しみ——それに比べればこの世の拷問や刑罰は影が薄い。そんなものは時間的に限りがあるからだ——によって脅されるのが心理的にどんな意味を持つのかよく考えてみるべきである。イエスの肯定的な傾向（そしてキリスト教徒たちの感情の寛大さ）を、倫理や宗教の教師が歪めてしまっている。彼らは、そのような処罰による威嚇を当然のこととして引き合いに出し、取り扱い、処罰願望を

29　（訳注）和訳は新共同訳を基本に、原文に合わせて調整した。

まったく問題のないものとして受け入れ、あるいは助長させている。果たして現代において人間イエスを、絶対的善、絶対的愛の具現として、つまり神として告げ知らせているのだろうか。

本書において私は、総じて強い言葉を控えめに用いたいと思う。しかしながら、〔上述したような〕永遠に続く極限的な苦しみによって威嚇するような種類の心理学的現象は他にほとんど存在しない。心理的テロという名前がまさにぴったりである。ここにあるのはまさしく、キリストの十字架についての教えと並ぶ、もう一つの新約聖書の醜聞であり、そしてまた新約聖書によって立つキリスト教の教会と信条のすべてにおける救いようのない醜聞である、と私は考える。この点で新約聖書は、原始的・非人間的な残酷さに関する限り、旧約聖書よりもはるかに劣っている[30]。

ブッグレの議論によって見えてくるのは次のことである。旧約聖書の中から何かを取り除くとかいくつかの詩編を排除するだけでは、聖書にある「復讐の神」の問題を解決できない。そのような考えを持つ人は、新約聖書を理解していないか、あるいはまさしく二つの基準において誤解している。

山上の説教の倫理と暴力放棄の倫理に基づくべしと声高に叫び、どんな状況にも左右されず文字通りに実行すべしと聖書原理主義者のように主張する人は、それらの倫理が旧約聖書の呪いの詩編や復讐の詩編を断罪する最高裁判所だと考えているが、しかしそのような主張は深刻な過誤を含み、善にも悪にもなる両義的なものである。「無条件に平和を追求せよとの要求は、幸せな境遇にある人々が賛成したり強調したりするものだが、その平和の掟が突然、正義の実現を望み、みずから声を上げなければならない人々に襲いかかる凶器となる。すべては、苦難を免れている人だけでなく、『共に・苦しむ』ことができないか、そうしようとも

30　F. Buggle, Denn sie wissen nicht 95–98.

思わない人にとって、好都合にできている。その結果として不寛容が支配する世界が到来する」[31]。

「呪いの章句」を、誰もがするような仕方で問題視し、あるいは退け、イエスの倫理の名の下に、あるいは「キリスト教的」倫理の名の下に、声高に「暴力の神だ」と叫ぶとすれば、反ユダヤ主義の偏見を再生成し固定化する危険がある。詩編をユダヤ教的だとして、「キリスト教的」に断罪するのは傲慢である。キリスト教が取ってきた実際の行動やユダヤ人に対する行動は、およそ「キリスト教的」な平和の倫理、愛の倫理からはほど遠いものであったし、今でもそうだということをよくよく考えてみるべきである。まさにキリスト教的な動機に促されて暴力を欲してしまうことについて、あるいは、教会自体の争いを、大抵は教会の外に向けては声高に要求される「平和の倫理」に従って解決することができないでいる制度としての教会の構造的な（と言って良いだろう）無能さについて、公会議での「呪いの詩編」に関する議論にはまったく俎上に載せられもしなかったということは、私見では、問題ないとは言えない。

第二に、詩編に表現されている抑制のない熱情は信心深い祈りを妨げ、謙遜にキリストに従うという姿勢に矛盾する、という議論は、神学的にもまったく正統な主張のように見える。例えばプロテスタントの旧約聖書学者ヨハネス・フィヒトナー（Johannes Fichtner）によるこれに関する主張は、次の通りである。

『詩編の書』の嘆きの歌（Klagelieder）は、神が民イスラエルの、あるいは個々の敬虔なイスラエル人の地上の命運を転換できる、という言葉に満ちている。不幸や苦難は神から切り離されたことを意味し、罪の報いである。生命を維持し幸せを取り戻すには神からの赦しがなくてはならない、云々。

実にイエスは彼の弟子たちに、天の父が彼らを養い（マタイ6:25以下）、

---

31 I. Baldermann, Einführung in die Bibel, Göttingen ³1988, 90 f.

天の国を追い求めるなら「これらのものはみな加えて与えられる」（マタイ 6:33）、と告げ知らせた。イエスは、自分の名によって願い求めれば神は聞き入れてくださると約束し（7:7–11）、助けと救いを求めて神に熱心に祈るようにと弟子たちを励ました（ルカ 11:5 以下、18:1–7）。しかし主は弟子たちに、主に従って生きるなら必ず迫害や苦難、耐乏生活を味わうことになることをも確言している（マタイ 10:34 以下、ルカ 9:58）。そして使徒パウロは「現在の苦しみは、将来わたしたちに現されるはずの栄光に比べると、取るに足りない」（ローマ 8:18）と告白する。（これがキリスト教の精神であるのだから）この世的な考えにまったく囚われてしまっている詩編の言葉を使っては、私たちはとても祈ることなどできないのだ[32]。

これには次のように問い返してもよいだろう。そもそも、イエスが十字架上で神に向かって叫んだ言葉「私の神よ、どうしてあなたは私を見捨てられたのか」——これは、新約聖書に引用された詩編の章句であるが——と神に対して抗議する叫びとでは何が異なるというのだろうか。そして、神義論の問いは単なる思弁的な問題に過ぎないのだろうか。それとも、この問い——祈りの内に神を探し求めるとき、この問いはおそらく、神を証しするものとして最も本質的なものなのではないか——が神自身に向けてぶつけられるときには、ことの根本までを問う徹底したものになっているのではないのか。詩編にある熱情にまかせて神を求める姿勢には、新約に示されている、すべてに平和的に神に従う姿勢が欠けていると反対者たちはいう。しかし、そのような姿勢は、「わたしが来たのは、地上に火を投ずるためである。その火がすでに燃えていたらと、どんなに願っていることか」（ルカ 12:49）という言葉を聖書に残したイエスに従うのにふさわしい信仰のあり方であろうか。詩編を批判する人々は、クリスマスや復活祭

32　J. Fichtner, Vom Psalmenbeten. Ist das Beten aller Psalmen der christlichen Gemeinde möglich und heilsam?, in: ders., Gottes Weisheit. Gesammelte Studien zum Alten Testament, Stuttgart 1965, 83 f.

2章　採用できない解決法

の美しいメロディーや秩序だって響き合う願いと感謝だけを（詩編から選別して）自分たちの「祈りを聞き入れるキリスト」論[33]に従って好ましいキリスト教の祈りとして使い続けるのだが、彼らは聖書の神を、侮辱してはならない「高みにおられる重要人物」と取り違えているのではないだろうか。彼らは祈りの言葉とカテキズムの言葉を取り違えているのではないだろうか。言葉のタブーに絡め取られている信仰のあり方では、苦しむ人々に残された最後のよりどころ、つまり敵への恐れや自分自身への恐れのまっただ中で、神を恐れることなく神を探し求めるということを彼らから奪い取ることになるのではないだろうか。苦難をものともせず、何事にも揺るがない整然とした教会は冷たい静寂を望むのであるから、そのような教会にとって聖書の詩編にある嘆きの叫びや敵の殲滅を願う言葉は、静寂をかき乱す闖入者なのであろう。確かにそのような言葉は、人々を困惑させ不快にさせるが、神への疑いや苦しみといったすべてを神に委ねるという、祈りの「原（本来の）形」である。

　第三に、以下のような主張は、聖書学的にも教義学的にも支持できない。それは、旧約は単に暫定的で劣った影のような存在であって、新約を準備する啓示段階に過ぎないので、新約によって「止揚され」、乗り越えられるべきだと旧約を批判した上で、最も良いのは新約の詩編（そのようなものが存在するとして。イエスの誕生に関する物語に登場する詩編[34]はどう見ても「旧約聖書的」なのだから）だけを使うことだとするものである。だが、この議論で前提とされているような、啓示の直線的な進化は存在しない。新約聖書を調べてみれば、ただちに明らかになる。つまり新約聖書での詩編の用い方は、はるかに複雑である。新約聖書において詩編がキリスト論に合うように「うまく取り込まれた」り、あるいは言葉通りに引用される箇

33　「キリストよ、私たちの祈りを聞き入れてください」という伝統的なキリスト教の祈りは、聖書によって正統化するのが難しい。普通「聞き入れる」と翻訳されているヘブライ語の原語は、本来、「答える」という意味である。典礼にふさわしい祈りの言葉は、「答えてください。私たちの神よ」であるべきところである。

34　（訳注）ルカ福音書の「マリアの賛歌」、「ザカリアの賛歌」参照。

所では、詩編は新約に合うように解釈されているのではなく、詩編の光の
なかでイエス・キリストを告げ知らせるものとして引用される[35]。キリス
トが詩編を正統化するのではなく、詩編がキリストを正統化するのである。
因みにこれはルカ 24:27[36] が示す考えでもある。

　第四に、呪いの詩編と復讐の詩編に反対してなされる主張のうち最も重
視すべきなのは、司牧的・心理学的考慮が必要という主張である。これに
関しては以下で（5 章「実践のための帰結」、191 頁以下を参照してほしい）
もう一度論じることにする。基本的には次のこともしっかりと押さえてお
かなければならない。つまり、司牧的に「差し障りのない」章句を選ぶと
いうことがあまりに過度になれば、神の言葉が言わんとすることから離れ
てしまう恐れがある、ということだ。例えば、主日の答唱詩編の選び方が
そうであるように、嘆きの詩編（Klagepsalmen）と嘆きの要素を含む章句
が省略されると、『詩編の書』の神学的使信が誤解ないし無視されてしま
う。人々の需要や人々の気持ちが典礼の基準となった場合、典礼は単なる
商品に落ちぶれるか、あるいは本当に「阿片」になってしまう。「そんな
ものは、私たちの共同体にはとても押しつけられたものではない」という
司牧的な態度がしばしば見られるが、そのように言う司牧者ほど自分の担
当する教会にあまりにも多くのことを求めているものだ――あれやこれや
を願い求める祈禱文によって教会に負担をかけているわけではないのに。
キリスト教的な詩編の祈りに関する議論では、聖ベネディクトの言葉がし
ばしば引用される（『教会の祈り』「総則」、105 項もそうしている）。「どのよ
うに神と天使たちの前に身を置くべきかを考えよう。そして精神が声と一
致するように詩編を唱えよう」（『修道院規則』、19 章）[37]。だがこれが意味す

35　（訳注）例えば、受難物語で引用される詩編 22 編は、イエスの十字架を「苦しむ
義人の死」として意味付ける。

36　（訳注）エマオの弟子のエピソードにおいて「そして、モーセとすべての預言者か
ら始めて、聖書全体にわたり、御自分について書かれていることを説明された」と言わ
れている。

37　（訳注）和訳は『教会の祈り』、1973 年、（27）頁から引用。

2章　採用できない解決法

るのは、雰囲気に合わせて詩編を選ぶようにということではなく、詩編が私たちの心に正しい「気持ち」を目覚めさせるようにするべきだ、ということである。そのことは「総則」でも述べられている。

　詩編を唱える者は、それぞれの詩編が悲嘆・信頼・感謝などの文学類型、あるいは聖書解釈学者が正しく指摘する他の文学類型に従って呼び起こす感情に、心を開く（106項）[38]。

　そうであるから、次の主張をしっかり守るべきである。すなわち、この種の詩編を省略したり、それに変更を加えること、あるいは詩編の本文に検閲の黒い塗りつぶし（独裁政権時代に経験した新聞検閲のように）をかけるなどもってのほかだ。詩編は、今ある形のままで祈るべきであり、まさにそうでなければならない。詩編本文のどれかが祈りに使えないと思えるときになされる最も悪いことは、それをこねくり回して、なんとか使えるものにしてしまう、ということである。より良いのは、その本文に正面から取り組むことであるし、章句を取り除くのであれば、その根拠をはっきりと説明しなければならない。

　まさに詩編では、一つひとつの語句を変更しないことが重要である。このことを、紀元後4世紀にアレキサンドリアのアタナシウスが、マルチェリヌスに宛てた詩編の使い方についての手紙のなかで強調し、根拠づけている。

　詩編を世俗的な言葉遣いによってより美しくしようとか、手を入れるとか、完全に書き換えようなどと試みてはならない。むしろ、一つひとつの語句をその通りに、読み、歌わなければならない。詩編を私たちに贈ってくれた先達たちが書いた語句を理解し、私たちと共に祈れるようにしなければならない。その上、聖霊はご自分が〔先達たちを〕用いて

38　（訳注）和訳は『教会の祈り』、1973年、(27) 頁から引用。

80

語られた詩編の言葉を大切に守り、そのようにして私たちを助けてくだ
さる。聖人の生活がその他の人間の生活よりも聖であるのと同じく、詩
編の言葉は私たちが継ぎ接ぎした言葉よりも聖であり力を持つのだと
考えなければならない。なぜなら、まさにこの言葉を通して（詩編の作
者は）神に喜ばれ、使徒（パウロ）が言っているように、「国々を征服し、
正義を行い、約束されたものを手に入れ（以下略）」たのだから（ヘブラ
イ 11:33–35）[39]。

敵に関する詩編と復讐の詩編の棘を抜く？

　詩編をその語句通りに保つとしても、その語句の意味が人の感情を逆な
ですることは限らない。教父や中世の「聖書釈義」を見ると、復讐の詩編は
まったく問題にされていなかった。なぜそうであったのかの理由は明らか
だ。当時の文化では、暴力や処罰について、現代とは根本的に異なった考
え方がなされていたこともあろうが、彼らはこのような詩編を恐怖を与え
るような「文字通りの意味」で理解し、乱用していたこともその理由の一
つであった。つまり、教会の実際の敵や思い込みだけの敵に対して自分た
ちは必ず勝利するという信仰の確信をもって、このような詩編を唱えても
いたのである。例えば、『教会の祈り』の改革者たちが除外した詩編 58
編を（以下の 3 章の「詩編 58 編　公正と正義を求める叫び」、105 頁以下を参
照してほしい）、かの大変尊敬されたアタナシウスは神学的にも感情的にも
まったく躊躇せずに、イエスを殺したユダヤ人を呪う祈りとして使ってい
る。詩編 58 編に基づいてアタナシウスは、ユダヤ人が「救われることな
どあり得ない」、彼らは「永遠の火に投げ込まれた」、と理解する。
　教父たちはユダヤ教の詩編（つまり旧約聖書の詩編）を好んでユダヤ人

39　翻訳は H.-J. Sieben, Athanasius über den Psalter. Analyse seines Briefes an Mar-
cellinus: ThPh 48, 1973, 172 f による。なお和訳はこの独文からの重訳。

2章　採用できない解決法

差別の意味で解釈し、また差別のために用いた。これはキリスト教の（不）信仰生活の歴史の暗闇の一幕であり、この問題はまだ終わっていない。詩編の復讐を望む言葉がユダヤ人に当てはめられる場合には、必ず復讐への望みは明らかな「予言」の言葉として解釈し直されていた。例えば詩編109編（この詩編も『教会の祈り』から除外された）の解釈をアウグスティヌス[40] は次のように書き記している。

次に、彼らが自らの不信に代えて受けるであろうことの預言がなされる（原注：つまり、預言するダビデによって）。それはまるで復讐への欲望に駆り立てられて実現を望んでいるかのように語られているが、実際は確実な真理によって起こるであろうこと、神の義によってそのような人々[41] にふりかかるべきこと、である[42]。

このように、願望ないし呪いを「予言」として説明し直すことは、詩編の文字通りの意味にはあまり合致しない。むしろそれは、詩編から感情を害する棘を抜かなければならない必要に迫られて危機状態から生まれた方策であった。アウグスティヌスもそのことを明らかに意識していて、自分の解釈を擁護する理由を次のように述べている。

実際、不正な者たちを罰し報復しようとしている告発者が得る満足がどのようなものであるか、他方正しい意志でもって罪を罰しようとしている裁判官が、それとはどれほどかけ離れた満足を得るかを識別できるの

40　アウグスティヌス著『詩編註解』の翻訳は H. Weber による。H. Weber, Die Fluchpsalmen in augustinischer Sicht: ThGI 48, 1958, 443–450 ならびに Ders. (Hrsg.), Aurelius Augustinus. Die Auslegungen der Psalmen, Paderborn 1955 参照。

41　（訳注）Zenger の原著では「ユダヤ人」と翻訳。

42　（訳注）和訳は、中川純男・鎌田伊知郎・泉治典・林明弘（訳）『アウグスティヌス著作集 20/ Ⅰ——詩編注解（5）』教文館、2011 年、271 頁（詩編 108 編の注解七番）から引用。

は、ごく少数の人々である。告発者は悪に代えて悪を報いる。他方、裁判官は罰するときも、悪に悪を報いるのではない。彼は不正に対して正義を報いるのである。正しいことは善いことである。だから、他人の不幸を喜んで罰するのではなく、つまり悪に悪を報いるのではなく、正義を愛して罰する、つまり悪に善を報いるのである。（中略）だから、わたしたちは次に、神の言葉が何を語っているかを聞くことにしよう。悪を求めているかのような言葉の中に、預言者の予告を理解することにしよう。正しいことを報いられる神を、神の永遠の法へと高められた精神によって見ることにしよう [43]。

　同様にアウグスティヌスは、詩編 41:11 や詩編 68:2（ヴルガタ訳聖書では命令形が用いられている）、詩編 69:23-30 にある敵に向けての願望ないし懇願を、ユダヤ人に対する予言として読んでいる。アウグスティヌスは繰り返し（とくに、詩編 79 編の解釈に際して詳しく）、聖書に出てくる復讐や殲滅の願望が決して字義通りのことを意味しているのではないと説明する。なぜなら、聖書の祈り手が自分の憎しみの感情を収めるのに復讐を求めるなど、本来的に（a priori）あり得ないからだ、と。同じことは新約聖書、すなわちルカ 18:1-8、黙示録 6:10 を読めば理解できるし、イエスとパウロの言葉の全体から結論づけられなければならない。それらは敵を愛するよう訓告し、復讐心を起こさぬよう警告する。

　教会教父たちは、詩編の処罰を求める願いとイエスの愛の掟との間にある対立関係を見た上で、さらに詩編の章句から棘を抜く方法を二つの解釈によって提示した。その一つは、このような願望ないし呪いを、警告や願いとして解釈する方法である。つまり願望や呪いは最終的には敵の回心を目的とするものだ、という説明である。もう一つは、寓意（アレゴリー）として解釈し、敵の中に悪そのもの、悪意ある即物的な強い欲望、あるい

43　（訳注）和訳は、『アウグスティヌス著作集 20/Ⅰ──詩編注解（5）』、271-272 頁（詩編 108 編の注解七番）から引用。

は悪魔の譬えを見るものである。

このような説明の仕方をアウグスティヌスは何回も使っている。詩編70:3「わたしの命をねらう者が恥を受け、嘲られ（るように）」という願いに対してアウグスティヌスは、あからさまな疑問を投げかける。

あなたは彼らに何を望むのか。あなたはどこにいるのか。あなたの主が「あなたたちの敵を愛せよ」と言われたときに何を聞いたのか（以下略）。あなたは迫害に苦しんでいる。そしてその迫害を生むものを恥じている[44]。

そしてサウロ〔パウロの別名〕がキリスト者を迫害する旅の途中で「なぜ私を迫害するのか」（使徒9:4）という声を聞き、大いに恥じて迫害から身を引いたことを引き合いに出して、アウグスティヌスは、冒頭に置いた厳しい非難の質問「あなたはそもそも何を望むのか」に、次のように答える。

それはまさに、殉教者たちがその敵どもに望むことなのである。彼らが恥じ入り、赤面するように、という願望だ。というのは、彼らが恥じ入らないとすれば、まだ彼らは自分たちの悪行を弁解し、殉教者たちに暴力を振るう兵隊のように振る舞い続けるからだ[45]。

詩編104編の結びの願い「どうか、罪ある者がこの地からすべてうせ主に逆らう者がもはや跡を絶つように」（104:35）についても同様の注解を加えている。

ここで歌いながら、呻いている聖なる魂よ。どうかこの魂が、わたし

44　（訳注）和訳は Zenger の原著の引用からの重訳。

45　（訳注）和訳は Zenger の原著の引用からの重訳。

たちの魂でもあるように。どうか、わたしたちの魂が、結ばれ、仲間となり、一つとなるように。そして、苛酷な〔御〕方の憐れみを見ることができるように。実際、愛に満たされた者でなくして誰がその真意を捉えることができようか。「罪ある者はこの地から失せるように」。呪いの言葉が語られてあなたは震え上がる。誰が語るのか。聖なる人が語るのである。だから疑うまでもなく、その言葉は聞き届けられる。しかし、聖なる人に対してこう言われている。「祝福を祈るのであって、呪ってはなりません」（ロマ 12・14）。ではどうして、「罪ある者はこの地から失せるように」と言われているのか。（中略）「罪ある者はこの地から失せ、不正な者はいないがごとくなるように」。いないがごとくなるのは不正な者である。彼らは正しくされ、不正な者ではなくなるのである[46]。

アウグスティヌスは、感情を逆なでする詩編 137 編の結びの章句「娘バビロンよ、破壊者よ、いかに幸いなことか　お前が私たちにした仕打ちをお前に仕返す者　お前の幼子を捕えて岩にたたきつける者は」（8-9 節）の棘を、つぎのようにして抜いてしまう。つまり「娘バビロン」の意味を神に逆らう邪悪な世界として、また、「おまえの幼子」を小さな悪を行う習慣や欲望として説明し、それらをキリストである「岩」に叩きつけよ、と命じるのである。

「幸いだ、あなたの子どもたちを捕らえ、岩に叩きつける者は」。バビロンの町を彼は不幸だと言い、他方、彼女が行ったことの報いを彼女に支払わせる者を彼は幸いだと言う。
もし私たちがこの報いについて問うなら、彼はこう答える。「あなたの子どもたちを捕らえ、岩に叩きつける者は幸いだ」と。それこそが報い

46　（訳注）和訳は、『アウグスティヌス著作集 20/ I ——詩編注解（5）』、192-193 頁（詩編 104 編の注解十九番）から引用。

である。ではこのバビロンは私たちに何をしたのか。そのことを私たちはまさにもう一つの詩編で歌ったばかりである。「不正な者の言葉は私たちを攻撃する」。なぜなら私たちがこの世に生まれたとき、この世のバビロン的なものは、私たちが小さな子どもであるのを見て、また私たちも未熟な幼い子どもであったので、私たちをおびただしい過誤でもって、いわば封殺した。新生児に何かできようか——たとえその子がいずれはエルサレムの住民となる者であるとしても、また、神によって前もって定められているという意味ですでにその住民であるとしても。新生児は、まさに両親から注ぎ込まれたものとして、何を喜んで学ぶことができるだろうか。だが新生児にとって教師となる者が所有欲、盗み、虚言、偶像や悪魔崇拝者、病気を癒すために許されざる呪術や魔法を用いる者であるとすれば、未熟な子どもに何ができようか。両親がすることだけを見るしかないこの傷つきやすい魂は、他に何ができるのだろうか、両親がするのを見たこと以外に。だから「バビロン」は私たちが未だ子どもであったときに私たちを「迫害した」。しかし神は私たちが成長してから、私たちが両親の過誤に従わないように、私たちが神を知るようにしてくださった。その詩編を解釈したときに、私はこうも言及した。このことは預言者によって前もって言われていた、と。「あなたに向かって多くの民が地の果てから来て言う。『まことに、私たちの先祖は虚言と虚栄を愛したが、それは何の役にも立たなかった』と」。こう言うのは大人であり、子どもは両親の虚栄をまねるので、その魂はまさに死んでいる。彼らが生命を取り戻し、神の内に進歩し、「バビロンに仕返しを」してくれたらよいのに。どんな仕返しをするのだろうか。それはバビロンが私たちにしたことの仕返しだ。だからバビロンの子どもたちを捕らえ、岩に叩きつけ、殺すのだ。バビロンの子どもたちとはどんな者なのか。心に生じる悪しき貪欲である。つまり、貪欲と共に成長してきたために、未だに貪欲と戦わなければならない人がいるのである。未だに心に情欲が生じるなら、悪しき習慣があなたを未だ支配してしまわないうちに、それが未だ弱いうちに、悪しき習慣があなたの主人にな

らないようにしなさい。それが未だ小さいうちに、打ち砕きなさい。も
しも、それが打ち砕かれても死なない恐れがあるとすれば、あの岩に打
ちつけて砕きなさい。あの岩とは使徒パウロが「この岩こそキリストだ
ったのです」（Ⅰコリント 10:4）と言っている岩のことだ [47]。

　聖書にある復讐の詩編や呪いの詩編をキリスト教信仰に合わせて正統化
する試みはどれも、棘のある表現を和らげようとしている。だがその代償
も大きい。詩編から章句を削除しないにしても、そこに籠められている挑
戦的なものを消し去ってしまうのは確かであり、それは残しておくべきも
のなのだ。まさにこのような詩編が、苦難や迫害、憎悪や危機、生命の危
険や瀕死の状態、神への疑いや神への信頼の経験を歌う。それには人を困
惑させるような言葉遣いやイメージを使うことがどうしても必要になる。
それを「説明する」ことで解消するとすれば、あるいは、誰もが受け入れ
る教義によって「手なずけられた」言葉遣いに翻訳するとすれば、それは
根本的に詩編に対する裏切りである。このような詩編は、陳腐さやマンネ
リで固められた日常に向ける抗議であり、一人ひとりの人生に秘められた
ものを認めさせる戦いである。通り一遍の言葉遣いや思考によっては表現
できない。
　したがって、このような詩編から挑戦的なものを排除しようとする試み
に対してはすべて、慎重でなければならない。神学的な調和を図るもので
あれ（「復讐の神とは単に愛の神の裏返しの表現に過ぎない」[48]）、宗教史的に
相対化するものであれ（「アッシリア宗教が暴力に取り憑かれていたのに比べ
れば、イスラエル宗教での暴力への傾きは僅かである」[49]）、歴史的に説明する

47　（訳注）和訳は Zenger の原著の引用からの重訳。
48　M. Girard, La violence de Dieu dans la bible juive: approche symbolique et
interprétation théologique: ScEs 39, 1987, 145–170 がこれと同じ考え方である。
49　いわゆる「主の戦争」に関する近年の研究のほとんどがこの考え方を採る。例え
ば A. van der Lingen, Les guerres de Yahve. L'implication de YHWH dans les guerres
d'Israël selon les livres historiques de l'Ancien Testament, Paris 1990 を参照。

ものであれ（「暴力を振るう神が言われるのは、イスラエルが特定の危機状態に陥ったときであり、暴力をけしかけるのではない」[50]）、あるいは社会心理学や宗教心理学によって説明するものであれ（「イスラエルはその出自であるカナン文化を自己に統合できなかったために、異分子を軽蔑するようになった」、「軽蔑は常に暴力の潜在的源泉である」[51]）、これらは皆、一つの観点では正しいことを言っているが、非難し、叫び、呪う詩編の中に籠められた怒りを取り除くことはできない。さらにまた、このような説明によって解決する試みから詩編を守らなければならない。なぜなら他のどんな形の詩編もこのような詩の代わりを務めることはできないからである。

　とくに気を付けなければならないのは、詩編をこねくり回して「キリスト教化」しようとする試みだ。ディートリヒ・ボンヘッファー（Dietrich Bonhoeffer）が『聖書の祈りの書』という詩編入門の著作において非常に真面目に、かつ感動的に行ったのはこの試みであったと、私は考える。

いわゆる復讐の詩編ほど、今日私たちに大きな危機をもたらす詩編はない。（中略）この詩編で共に祈ろうとすると必ずと言ってよいほどに挫折する。そこにあるのは新約聖書の前の段階の宗教である。（だが）キリストは十字架上で敵のために祈ったし、私たちにそう祈るよう教えた。（中略）だから疑問は、復讐の詩編を私たちのための神の言葉、イエス・キリストの祈りとして受け止めることができるだろうか、ということだ。神の復讐を願う祈りは、罪に対する裁きによって神がご自分の正義を行ってくださるようにと願う祈りである。この裁きは下されなければなら

50　この見方を主張するのは、戦争によって民を救うという次元が主の宗教の「歴史的」核心であったと強調する著者たちである。このような神観が意味するものについては、とくに、E. Noort, Geweld in het Oude Testament. Over woorden en verhalen aan de rund van de kerkelijke praktijk, Delft 1985 を参照。

51　このような理論については S. Schroer / O. Keel, Wenn im Ursprung der Teufel steckt. Über die schmerzlichen Beziehungen zwischen Christentum, Judentum und kanaanäischer Religion. Ein Plädoyer für historische Ehrlichkeit: Publik Forum 25, 1994, Nr. 2. 18–20 を参照。

ない。神がご自分の言葉を守るならば、この裁きは下されなければならない。誰が対象であろうとも……（以下略）

神の復讐は罪人に向けられたのではなかった。唯一人の罪無き者に、罪人の身代わりとなった者に、神の子に向けられた。イエス・キリストは、詩編がその執行を願った神の復讐をご自分の身に受けた。彼は罪に対する神の怒りを鎮め、神の裁きが執行されたときに、こう祈った。「父よ、彼らをお赦しください。自分が何をしているのか知らないのです」（ルカ23:34）。神の怒りを自らの身に受けた者以外にこう祈ることができる者はいない。（中略）

このように復讐の詩編は、イエスの十字架と、赦しをもたらす神の敵を愛する愛へと導く。自分から進んで神の敵を赦すなど私にはできない。十字架につけられたキリストだけがおできになる。そして彼を通して私もそうできるようになる。こうして神の復讐は、イエス・キリストの内に全人類にとっての恵みへと変化する。（中略）

私はこの素晴らしい恵みが実現することを確信して、復讐の祈りを唱える。（中略）イエス・キリストご自身、神がその愛の内に復讐を執行してくださるように、と願われた。そしてイエスは日々私を重大なことへ、つまり、私とすべての神の敵のためのキリストの十字架という恵みへと連れ戻してくださる。（中略）

このようにして十字架につけられたイエスは私たちに、復讐の詩編をどのように正しく祈るのかを教える[52]。

このキリスト教的に解釈し直すという「救済の試み」にもまた、多くの疑問が向けられる。苦しんでいる人にとって呪いの詩編や報復の詩編は、諦めや神への不信に陥らないための最後の頼りである。しかし彼らが救いを求めて叫ぶ声である詩編をただひたすらキリスト論の説明に使うとすれ

52　D. Bonhoeffer, Das Gebetbuch der Bibel. Eine Einführung in die Psalmen, Bad Salzuflen⁷1961, 30–32.（訳注）和訳は Zenger の原著の引用からの重訳。

ば、苦しんでいる人が置かれた絶望的状況やその苦痛をまともに取り上げていないことになるのではあるまいか。十字架と贖いの神学による解釈を持ち込むことによって、「神の復讐」という問題を不必要に狭めてしまっていないだろうか。そしてとりわけ問われるべきことは、そのように解釈するとすれば、詩編をその本文の意味に反して読むことにならないか、反ユダヤ人の差別を生むことにならないか、ということである。

3章　復讐の詩編自体に目を向ける

　敵に関する詩編をそれ自体として見たり聞いたりできるような解釈学的・聖書神学的地平について体系的に考察する前に（それについては、以下の４章「敵に関する詩編・復讐の詩編の解釈」、151 頁以下を参照してほしい）、いくつかの詩編を選んで、それぞれの詩編に刻み込まれた暴力的な神のイメージの特徴やそれが用いられる意図、機能について種々の考察をすることにする。その際には、前章で何度も言及した解釈の選択肢を重視する。難解で手に余るやっかいな本文であればこそ、なによりもまずそのやっかいさをそのままに受け止め、真剣に受け止めるべきである。一つの本文を読んで何か異質なものが感じられるとすれば、それを頭から（a priori）詩編のせいにして排撃したり拒絶してはならない。本文に自らを十分語らせることが先だ。コミュニケーションの基本は、難解と受け止められるこれらの詩編との出会いにも当てはまる。つまり、もしも対話の相手を理解したいなら相手を真剣に受け止めなければならない、ということだ。まだ不一致がある相手に自分をわかってもらいたいなら、なおさら、そうしなければならない。したがって「暴力の詩編」の異質さに正面から取り組む心構えのある人は、次のことも問われることになる。果たしてこの異質さはむしろ自分のほうにあるのではないだろうか、と。またこの異質さは、詩編本文と積極的にぶつかり合い、やがては読者自身が変化して詩編本文と友情を結ぶに至る過程のきっかけとなるのではなかろうか、と。これらの

詩編を理解しようとして読むなら、自分自身について、また自身が生きている世界について、そして神について、読者は突然新しい洞察を得ることになるかもしれない。軽率に口を挟んだり、知ったかぶりをして問題を片付けたり、キリスト教の優越感という偏見から軽蔑してはならない。そうではなく、これらの詩編本文を、その歴史的つながりのなかで、その言語的形態に基づいて、そしてその神学的な情熱に同感しつつ、理解するように努めなければならない。それについては改めて論じることにする。

　私は七つの詩編を選ぶことにした。詩編における復讐と暴力の神についての多様な観点を、少なくとも一部なりとも見せたいからである。選んだ詩編には、全体が『教会の祈り』から排除された三つの詩編（詩編 58 編、83 編、109 編）すべてが含まれる。教会の検閲によって一部の章句が省略された 19 の詩編からは、詩編 137 編と 139 編を選んだ。それに詩編 12 編と 44 編を加えた。というのはイスラエルの民自身がすでにこれらの詩編の暴力的な傾向を問題視し、距離を置こうとしてきたからである。

　以下では詩編本文として、いずれも私の私訳を掲げた。私の翻訳の根拠を本書で詳しく述べることはできない。それらの詩編の徹底した分析や解釈を示すことも、残念ながら本書では不可能である。私としては、復讐と暴力の神というテーマにとって意味のある見解を主に取り上げたい。

詩編 12 編　暴力を振るう人間の暴力に対する抗議

1 節　　　指揮者のために。八絃にのせて。ダビデの詩。

2a 節　　どうか救ってください、主よ、なぜなら敬虔な人は終わりました、

2b 節　　なぜなら人の子らのなかで忠実な人々は消えてしまいました。

3a 節　　偽りを彼らは互いに語ります、

3b 節　　滑らかな唇で、二つ心で、彼らは語ります。

4a 節　　主がすべての滑らかな唇を、滅ぼしてくださいますように、

4b 節	大きなことをおしゃべりする舌を
5a 節	彼らは言います、「私たちの舌をもって私たちは力がある、
5b 節	私たちの舌は私たちと共にある。誰が私たちを支配する主人だろうか。」
6a 節	「抑圧された者たちの暴力行為のゆえに、貧しい者たちのうめき声のゆえに、
6b 節	私は立ち上がろう。」主は言われる、
6c 節	「私は救いをもたらそう、激しい息を吐きかけられている人に。」
7a 節	主の言葉は清い言葉です、
7b 節	炉で熔かされ、七度純化された、精錬された銀です。
8a 節	主よ、あなたは彼らを見守ってくださいます、
8b 節	あなたは彼をこの時代から永劫に保護してくださいます。
9a 節	周囲を邪悪な者たちが歩き回っているとしても、
9b 節	人の子らのなかで卑しいことが大きいとしても。

　おそらく王国末期、バビロン捕囚以前の作と推定される詩編12編は、先行する詩編11編と9節によってつなぎ合わされていて、言語的にも神学的にも、「預言者的嘆きの典礼」の構成からインスピレーションを受けている。なお、預言者的嘆きの典礼とは、危機的な状況にあって祭儀預言者を通して神の「救済」の言葉が告げられるよう懇願する典礼である。預言者的嘆きの典礼は基本的に三部分から成っていた。(1) 危機的な状態についての嘆き（祭司が危機的な状態を申し述べ、それに会衆の嘆きの言葉が伴う）、(2)「私」（一人称）による神の応答（祭儀預言者が、預言者としての本来の役割、つまり神の代弁者の役割を果たす）、(3) 伝えられた神の言葉に対する共同体の応答（主として賛美と感謝であるが、信頼や希望の表明のこともある）である。詩編12編はこの基本形を下敷きにして、神の直接の語りかけである6節を中心として構成されている。この詩編が集中構造 (konzentrische Struktur) を有していることは、誰が誰に語りかけているかに注目することでよくわかる。つまり、2–3節は「あなた」による主に対

する語りかけ（主は二人称で）、4-5節は主への望みないし願い（主は三人称で）、6節は主からの直接の語りかけ（主は一人称で）、7節は主の言葉に関する語り（主は三人称で）、8-9節は主に対する「あなた」という呼びかけ（主は二人称で）になっている（配列はABCBA）。集中構造は言葉の点でもみてとれる。つまり、詩編の冒頭と結びは「人の子ら」というキーワードによって相互に結びつけられている（インクルージョン、［ラテン語］"inclusio"）。3部構成となっていることでこの詩編の中心であることが強調されている6節の神の語りは、キーワード「人の子ら」を取り上げることで、詩編の冒頭で語られた願いの成就を語るものとなっている（2a節の「どうか救ってください」に6c節の「私は救いをもたらそう」が対応）。この詩編では、神の名YHWHが5回用いられている。すなわち、ABCBAの各部分に1回ずつ登場することによっても、6節がこの詩編の中心であることが強調される。

　これらによって、この詩編の祈りの言語的ダイナミズムは次のように進展する。すなわち詩編は、助けを求める呼びかけから始まり、その理由二つが続き、社会的危機の描写が展開される（2-3節）。それに邪悪な者たちが根絶やしにされるようにという願いが続く。邪悪な者たちの傍若無人な横柄さ、そして、行動に表れた（つまり建前はどうあれ）神を神とも思わない生き方が、彼らの言葉を引用することで印象深く要約されている（4-5節）。それと6節に置かれた神の言葉の引用とが著しいコントラストを形成することにより、神の言葉が強調される。7節は神の言葉に応答するもので、名詞文で構成された賛歌のスタイルで作られた、神の言葉への賛美である。詩編は8-9節の主への信仰告白によって閉じられる。この8-9節は主語を強調する独立人称代名詞「あなた」で始まり、この8-9節でもって祈り手は現在もなお（つまり神の言葉を受けた後もなお）邪悪な者たちの傍若無人振舞いによってもたらされる苦しみに立ち向かい、またそれに立ち向かうように神に呼びかける。祈り手を促すのは、まさに、この詩編を唱えることによって得る（そして得ることができる）力である。

　私たちが抱く疑問への答えとして、この詩編に見られる次の点が重要で

ある。

（1）この詩編は、知恵文学や預言者の書物にみられる分析のスタイルを使って、容赦の無い社会批判を行う。人が言葉を破壊的に乱用していることを暴露する。言葉の乱用によって裁判制度までも害され、貧しい人々を残酷にも虐げるまでになっている。しかも社会が明らかにそれを正統と認めているのである。

（2）この詩編は、原因を神話的な力や悪魔的な力に求めるのではなく、個々の人間や人間の集団に責任を負わせ、暴力的行為が生じる根を指摘する。

（3）この詩編は、人間を破壊する暴力を神学的に正当化したり飾り立てたりすることを拒絶する。つまり、人々が抑圧され暴力を加えられるところでは、「神の」真理が損なわれているのである。

（4）この詩編は、神の多層なイメージを現実のものとして描きだす。一方で4節の願いは具体的で、神に敵の殲滅を願う。他方、6節でなされる神の約束は、非常に一般的な表現になっている。そこで強調されるのは救いの側面のみという「主音」に限られ、しかも、暴力の犠牲者に連帯する神という慰めに満ちた「副音」が共に響いているのを聞き逃すことはできない。

（5）神の言葉は犠牲者が加害者に対して暴力を加えることを認めてはいない。暴力の悪循環はここでは貧しい人々の救い手であり保護者である主を思い起こすことによって断ち切られる。結びの9節ではさらに、現在は社会の構造的暴力が圧倒的に優勢であるとしても、忍耐して待つようにとさえ呼びかける。

（6）この詩編は暴力（Gewalt）の多様な面を知らしめる。つまり、邪悪な者たちの「破壊的暴力（Gewalt）」に対し、主の「救いの暴力（Gewalt）」を対立させる。貧しい者や弱い者が無力であるとき、神の救いの力が到来して彼らを助け、彼らを「まっすぐに立たせる」。二つの対立する暴力（Gewalt）の側面を、「抑圧的な暴力」（［ラテン語］"violentia"）と「権能、正当な暴力」（［ラテン語］"potestas"）という二つの概念に区別して表記す

ることが広く行われている。しかしおそらくは、「暴力」（Gewalt）と
「力」（Macht）という二つの概念で区別するほうが良いだろう[1]。

詩編 139 編　構造的暴力に対抗する情熱的な戦い

1a 節　　指揮者のために。ダビデの詩。

1b 節　　主よ、あなたは私を調べ尽くし、私を知っておられる。

2a 節　　あなたは、そうです、あなたこそは、私が座るのを、そして私
　　　　が立ち上がるのをお知りになりました、

2b 節　　あなたは遠くから私の考えに注意を払われました。

3a 節　　私が行くのを、そして私が横たわるのを、あなたは測られまし
　　　　た、

3b 節　　そして私の道をすべて、あなたは監視なさいました。

4a 節　　そうです、言葉が私の舌の上にある前に、

4b 節　　見よ、あなたはすでにそれをすべて知っておられました。

5a 節　　背後から、そして前方から、あなたは私を取り囲まれました

5b 節　　そしてあなたは私の上にあなたの手を置かれました。

6a 節　　私にとってこの（あなたの）知識はあまりに奇異です、

6b 節　　あまりに高く、私には把握できません。

7a 節　　あなたの息の前で、どこに向かって私は行けるでしょうか？

7b 節　　そしてあなたの面前の外で、どこに向かって私は逃げ去ること
　　　　ができるでしょうか？

8a 節　　私が天へと登っても――あなたはそこに居られる！

8b 節　　そして私が地下の世界に横たわっても――見よ、あなたはそこ
　　　　に居られる！

1　W. Huber, Die tägliche Gewalt. Gegen den Ausverkauf der Menschenwürde,
Freiburg 1993, 168–170 を参照。

詩編139編　構造的暴力に対抗する情熱的な戦い

9a 節	もしも私が曙の翼を高く上げて、
9b 節	私が海の果てに横たわるとしても、
10a 節	まさにそこで、あなたの手は私を導くことでしょう
10b 節	そしてあなたの右（の手）が私を摑むことでしょう。
11a 節	そして私は言いました。「ただ闇が私を一気に呑み込んでくれたら
11b 節	そして夜が私を取り囲む光となってくれたら！」
12a 節	しかしあなたの前では闇そのものが闇ではありません
12b 節	そして夜はあなたを昼のように照らします。あなたの前では闇も光も同じです。
13a 節	そうです、あなたは私の腎臓をお造りになりました、
13b 節	あなたは私を私の母の胎のなかで編まれました。
14a 節	あなたが私を恐るべきほどに選び出してくださったことを、私はあなたに感謝します、
14b 節	あなたの働きは奇異です。そして私の魂はこのことを良く知っています。
15a 節	私の肢体はあなたの前に何も隠されてはいませんでした、
15b 節	私が密かに造られたときに。
15c 節	巧みな仕方で私は、地の深いところで編まれました、
16a 節	私が生じるのをあなたの目は見ておられました。
16b 節	そしてあなたの本の中にそれはすべて書かれています、
16c 節	私の日々は、それらが形作られる前に、それらのどれ一つとして存在しないうちから
17a 節	しかし私にとって、あなたの考えは私にとってどんなに難しいことでしょう、
17b 節	おお神よ、その数はどれほどおびただしいことでしょう！
18a 節	もしも私がそれを数えようと思っても、それは砂よりも数が多い、
18b 節	もしも私が疲れ果てたとしても、私はそれでもなお、あなたの

97

そばに居る！

19a 節　しかし神よ、あなたが邪悪な者を殺すとき！

19b 節　「お前たち血を流す者たち、私から離れよ！」

20a 節　彼らは偽ってあなたの名を呼びます、

20b 節　空しくあなたの名を高くします。彼らはあなたの敵対者です。

21a 節　私はあなたを憎む者を憎まないでしょうか、主よ？

21b 節　そして私はあなたに対して立ち向かう者を嫌悪しないでしょうか？

22a 節　そうです。徹底した憎しみをもって私は彼らを憎みます。

22b 節　私にとって彼らは敵となりました。

23a 節　私を調べ尽くしてください、主よ。そして私の心を知ってください！

23b 節　私を試してください。そして私の心配を知ってください

24a 節　そしてご覧ください。私が破滅の道に居るかどうかを。

24b 節　そして私を根源的な道で導いてください。

『教会の祈り』でこの詩編を使用するために19–22節を省略したのは、もっともであり、意味のあることだと思われるかもしれない。ドロテー・ゼレ（Dorothee Sölle）もまたその小著『旅立ち』のなかでこの詩編を解釈するときに、これらの節をあっさりと取り除いている[2]。「学術的」な注解書に目を向けるなら、取り除くことに賛成する議論が山ほど見つかる。中には、この段落が先行する1–18節に合わないということを理由として19–24節の段落を独立した詩編として切り離すべきだと主張する聖書解釈者さえもいるほどである。

　類が無いほどにリズムが整っておらず、また熱情に駆られて突き進む

2　D. Sölle, Die Hinreise. Zur religiösen Erfahrung. Texte und Überlegungen, Stuttgart 1975, 155–164.

ようなこれらの節が、先行する静かな雰囲気の詩に属するのだろうか。
〔本来独立していたものが〕結合されて私たちに伝えられたのではないだ
ろうか[3]。

　詩編研究家として非常に著名なヘルマン・グンケル（Hermann Gun-
kel）ほどの解釈者でさえも、1–18 節の神学的な深さについて熱心に語る
が、他方、19–24 節については強い疑念を申し立てる。

　私たちの詩編作者は預言者と賛歌作者の遺産相続者である。彼は驚嘆の
念をもって偉大な神秘の前に立っている。つまり、神の知識と力には限
界が無いという神秘である。この考えは彼自身にとっても新しい、驚く
べきものである。そこから彼の言葉のこの類い希な力強い新鮮な表現が
来るのであり、この詩編がキリスト教共同体において今日もなおこの考
えの古典的表現として受け入れられている理由がそこにある。（中略）
創造の賛歌である詩編 104 編の結び（35 節）では、神が驚くべき調和
をもって創造したこの世界において調和をかき乱す邪悪な者たちが登場
し、（歌い手は）その殲滅を望むが、この詩編も同様である。（詩編の歌
い手は）彼らに怒りに満ちた情熱を投げかける。（中略）だが、この歌い
手のように神との親しさを心をこめて歌うような人が、邪悪な人につい
て考えが及ぶやたちまちこんなに残酷に怒り狂うというのは注目に値す
る現象である。
しかしこれがイスラエル人の本当の姿なのだ。この民は溢れんばかりの
感情の持ち主であり、主観的な熱情に支配され、その宗教においても真
理か偽りかしか知らず、その間があることには考えも及ばない。だから
その宗教はきわめて不寛容なものになる。つまり、異なる宗教を信じる
者に情け容赦せず、可能ならば滅ぼし尽くそうとする。（中略）そうだ。
この詩編作者の信心深さと、神に逆らう者に対する怒りとは、心のなか

3　H. Schmidt, Die Psalmen (HAT I.15), Tübingen 1934, 245.

では一つなのである。つまり同じ思いの激情が、一方で、すべてであり一つである御方の前に膝をかがめさせ、他方で、この思いを分かち合うことができない者に対して激しい反感を燃え上がらせる。（中略）正しい者にも不正な者にも等しく雨を降らせてくださる神についての言葉は[4]、当時は理解できなかったのであろう[5]。

　そうだとすると、19–22節をあっさりと削ることで、この詩編の「忌むべき欠陥」を癒せるというのだろうか。この詩編についての広く流布している理解——これは聖書の翻訳においてこの詩編に付されたさまざまな見出しに見られる——に従うとするなら、実際、このような削除は当然のこととなる。この詩編は（ドイツ語圏統一訳［Einheitsübersetzung］で付けられた見出しである）「全知の神の前に立つ人間」というテーマについて哲学的に黙想するものだと解釈する人にとって、19–22節を取り除くことに何の躊躇もない。

　しかしこの詩編はまさしく「すべてを初めから見て整えているがゆえに、人間の命運をその初めから知っている神の摂理についての賛歌」[6]というようなものではない。むしろ個人の祈りであって、この者はまさに預言者的な熱情をもって彼個人の「神のゆえの苦しみ」、つまり、彼を神の虜にし（1b–6節）、彼は神と縁を切ることができない（7–12節）という苦しみを祈りつつ歌に紡ぐ。この詩編を「美しく」保とうとして安易に19–22節を削除するなら、行間に響く嘆きの響き、神に訴える声を切り離してしまうことになる。この陰影は1–12節ですでに現れていて、エレミヤ（「エレミヤの告白」［エレミヤ 12:1–6、15:10–21、20:7–18]）あるいはヨブ（とくにヨブ 7:12–21）のように、祈り手は神との親しさがかえって重荷とも障害ともなるという経験をしている。「キリスト教的な」勇み足でもって19–22節を切り離すなら、詩編の構図全体を——詩的な観点においても神

4　（訳注）マタイ 5:45 参照。

5　H. Gunkel, Die Psalmen (GHKAT II.2), Göttingen [4]1926, 586, 589.

6　F. Wutz, Die Psalmen, München 1925, 351.

学的観点においても——壊してしまう。その上 19–22 節を削除することで詩編の結びの言葉が理屈に合わなくなる。そもそも歌い手が神に「試し」を願う言葉（23ab 節）は、先立つ 21–22 節で歌い手がただ神に関わることのみが重要だと説明していることに目を向けなければ、意味をなさない。また、24 節で前提とされている二つの道の選択肢も、この二つの道を具体的に描く 19–22 節を取り除いては理解できない。

この詩編には二つの構造が重なり合っていて、それらが祈りのダイナミズムを生み出している[7]。第一は 1a 節と 23–24 節という「枠」（インクルージョン形成）であり、キーワードを文字通りに繰り返すことにより、直説法（Indikativ）「知っておられる」と命令法（Imperativ）「知ってください」との間にある緊張を生み出す。そこで重要なのは、1b 節のトーンがむしろ否定的であるということだ。それは 2–12 節が示しているとおりである。すなわち、主が祈り手を究め尽くしたことによって、自分は主の虜になってしまったと祈り手は感じている。だから祈り手は、主から身を引こうとしたし今も身を引きたいと望んでいるがどうしようもない、と嘆くのである。他方 23–24 節の命令法「知ってください」は積極的なトーンであり、祈り手は自分に二つ心がないことを主に見てもらいたい、と願う。祈り手の真摯さを見た主が彼を助けてくれるように願っているのである。この枠は四つの部分から成る主要部（2–6 節、7–12 節、13–16 節、17–22 節）を取り囲んでいる。これら四つの部分はそれぞれ異なる言語的形態を持っているので、互いに区別できる。2–6 節は過去の個別的事象であり、そこからは主が祈り手に対して行ったことを確認することができる。非難に満ちた「あなた」が強調されて、表現を方向付けている。7–12 節は強調された疑問文で始まる。このまとまりは「私」に集中している。祈り手の現在の状況、すなわち祈り手にとって 2–6 節で具体的に述べた神の行いが原因と

7　以下の考察は W. Groß, Von YHWH belagert, in: FS G. Stachel, Mainz 1987, 149–159 にある重要な知見に依拠している。Groß の論文は私の詩編 139 編の簡略な解釈（E. Zenger, Ich will die Morgenröte wecken. Psalmenauslegungen, Freiburg 1991, 242–253）を厳密化している。

なって生じた状況を描写する。13–16節で再び、主が過去に祈り手に行ったことに目が向けられる。そこでは再び「あなた」が強調されるが、表現の方向性は明らかに積極的なものに変わっている。そこから導き出される結論が17–22節だが、そこでは7–12節と同様、「私」に集中し、疑問文がちりばめられている。これら主要な四つの部分は二組に分けられ、主の行い（2–6節と13–16節）と祈り手の反応（7–12節と17–22節）という組み合わせで並行関係を形作っている。その上これら二つの組は、ある種、反対命題として対立させられている。すなわち2–6節で具体的に説明された主の祈り手への関わり方は、ほとんど「包囲戦」（5a節）のようであり、祈り手にとっては「義務の押しつけ」（5b節）のように受け止められている。祈り手は主から身を引くことを望んだができなかった。そして「一つの心で」、主が許されないので不可能であるとわかっていることを今なお望んでいる（7–12節）。2–12節をしめくくる、一見否定的で諦めが見られる結論は、それを受ける13–16節と17–22節では積極的で戦意に満ちた言葉で歌われる。つまり13–16節で祈り手は神が彼に対してもっている関心の深みに気付く。神は彼を「特別に選び」、巧みな仕方で整え、そして今や「彼の働き」が、日々、神が創造し形作ったもののためになるようにと期待するのである。神の働きを理解するという課題が、自分の考えを超えたものであるとしても（17–18節）、悪人と悪そのものに対する戦いが本来は神がなすべきことであるとしても（19a節）、祈り手はこの課題から逃げるつもりはない。むしろあらゆる熱意を籠めてそれと徹底的に取り組むことを望む（21–22節）。

　以上の手短かな説明でも明らかになるが、19–22節をこの詩編から削除するなら、この詩編にある祈りのダイナミズムとこの詩編の構造を破壊することになる。「典礼改革者」がこれに関して行ったことは、芸術的にも神学的にも「蛮行」であったのだ。

　しかしながら、現代の私たちは19a節と21–22節によって祈ることができるだろうか。詩編を細かく切り刻むことはできない（あるいは、したくない）のであれば、この詩編を私たちの「祈りの宝」から遠ざけなけれ

ばならないのだろうか。この問いへの答えとして、またこの詩編をより深く理解するために、次の所見が役立つと私は考える。

（1）17–22 節の背後にあるのは敵からの現実の脅威ではなく、「流血の者たち」として社会を腐らせ、宗教までも巻き込む「邪悪な者たち」（複数形は集合概念として「邪悪な者」に分類される人間のカテゴリーを表す）による、破滅をもたらす構造的暴力である。先に短く調べてみた詩編 12 編の背後にあるのと同類の経験である。

（2）詩編 12 編と詩編 139 編は、暴力を振るう者たちが力ずくで、主の神としての真実性を危うくすることに成功しているという、根本的な共通認識を終始示している。しかし、詩編 12 編と異なり、詩編 139 編はただ抗議することだけに留まらない。詩編 139 編の祈り手は神の真実性を危うくする敵たちに対する具体的な抵抗運動や戦いに自ら身を投じる義務がある、と考えている。明らかにそれは宗教的な熱狂主義（Fanatism）ではなく、人類を破滅させる者（「流血の者たち」）という犯罪者たちに対する戦いである。

（3）「憎む」と「嫌悪する」という二つの動詞は、「第一の契約」（旧約聖書）における用例から判断して、私たちの用語法とは異なる含意を有している。「愛する」と同様「憎む」も、第一義的には、具体的な行動を指す（「第一の契約」の愛の掟［レビ 19:17–18, 33–34］を参照されたい）。詩編 139:21–22 で言われているのは、憎しみの感情や人間を軽蔑する性癖ではなく、破壊的な暴力に抵抗し戦う姿勢とその具体的行動のことである。それに基づけば、これら二つの節を事柄に則した誤解の少ない文に翻訳できるだろう。

21a 節　主よ、あなたと戦う者どもと、私は戦わないで良いのでしょうか？

21b 節　あなたに向かって立ち向かう者どもを、私は嫌悪しないで良いのでしょうか？

22a 節　そうです、私の情熱のすべてを尽くして、私は戦います。

22b 節　彼らは私に対して敵となりました。

（4）祈り手は悪人や悪そのものとの戦いに「本性的に」強制されている
わけではない。そのことは、7–12 節で誤解の余地のないほど明白に言
われている。これらの節は詩編 73 編を思い起こさせる。その 13–17 節で
祈り手は、邪悪な者たちの側に寝返る——そうすれば世間的な成功や富に
与ることができる——という誘惑を白状している。詩編 139:7–12 の背後
には、事柄に背を向けたい、あるいは神に責任を負わせたいという心の傾
きが見える（詩編 139:19a も参照）。このような自然な心の動きとしての尻
込みが祈り手を熱狂主義（Fanatism）から保護し、また、共にいてくださ
る主に依り頼んでいることを思い知らせる（特に 23–24 節参照）。

（5）「詩編 73 編の祈り手と同じくこの詩編の祈り手も、主日に教会に
行く多くの人々とは正反対に、神との神秘的な結びと政治との間にある深
い関係を見過ごしたりしない。社会の中にある不正は、神との結びを腐食
する。詩編 73 編の『私』と同じく詩編 139 編の『私』も、社会の不正に
よって危険に晒されている。平和な風景に突然火山が噴火するように、祈
り手にとって思いがけない不正を意識し、それへの恐怖を感じさせられて
いる」[8]。社会にある不正に対して目を向けなかったり、自らの手を汚した
くないのであれば、神を信頼するとか、神の神秘性を思うなどと言っても、
冷笑主義[9]に過ぎない。

（6）祈り手は、彼と神との間に葛藤があることを意識し、祈りのなか
でそれと取り組む。祈り手は、神への依存関係を、一方では自分を縛る根
本的な限界として、他方ではそれを恵みとしても経験する。この依存関係
のゆえに詩編 139 編は「ずっと以前から今に至るまで常に恐ろしい神で
あり続ける神について歌う偉大な詩として読まれてきた。恐ろしい神は昼
も夜も人間を外から見張り、管理する。無数の些細なことにも反応し、気

8　O. Keel, Schöne, schwierige Welt – Leben mit Klagen und Loben. Ausgewählte
Psalmen mit Auslegungen, Berlin 1991, 69.

9　（訳注）道徳や人の誠実さを冷笑軽蔑する態度（小学館『独和大辞典』より）。

分を害し、怒り、処罰する。（中略）詩編 139 編は、情け容赦なくあらゆることを管理する独裁者『ビッグ・ブラザー』〔J. オーウェルの小説『1984年』の登場人物〕の詩として読まれる。だがそれはふさわしくない。私はむしろ神が私を胎児として形作ったことに目を向ける。だから神は、私が私を知っている以上に私を知っていてくださる。私は自分自身を神からの贈り物として受け取り、神と一緒になって私自身を少しずつより良く知るようになる」[10]。不正と暴力に積極的に反抗するときに、人間の中に潜む何か——それまで予想もしなかった力と創造力も——が表に現れてくる。

詩編 58 編　公正と正義を求める叫び

1 節　　指揮者のために。「私を破壊しないでください！」に合わせて。ダビデの（詩）。ミクタム。

2a 節　あなたたちは本当に神々の正義を告げ知らせるのか、

2b 節　あなたたちは人の子らのなかで、公正さを真っ直ぐに実現しているのか？

3a 節　いや、あなたたちは地で、故意に不正を行う、

3b 節　あなたたちは暴力行為を自らの手で行う。

4a 節　邪悪な者たちは母の胎から道に迷っている、

4b 節　虚言を言う者たちは母の胎からあらぬ方へと彷徨う。

5a 節　彼らは自分の中に毒蛇の毒のような毒を持つ、

5b 節　彼らは耳の聞こえないコブラと同じようであって、彼らの耳は塞がれている、

6a 節　魔法使いの声に耳を貸さない、

6b 節　練達した呪術師の（声に）。

7a 節　神よ、彼らに対し口のなかの歯を砕いてください、

10　O. Keel, Schöne, schwierige Welt 70.

7b 節	ライオンの歯並びを粉砕してください、主よ！
8a 節	彼らは流れ去る水のように消え去るがよい、
8b 節	彼らは踏まれた草のように枯れ果てるがよい、
9a 節	粘液の中を歩み去るナメクジのように、
9b 節	女の太陽を見ない流産（の子）のように。
10a 節	彼らが茨の藪のように棘を取り除く前に。
10b 節	生木であろうと焼かれてであろうと、風に吹き飛ばされるように！
11a 節	処罰（「報復」）を見るとき、正しい人は喜ぶがよい、
11b 節	彼がその足を邪悪な者たちの血に浸すとき。
12a 節	そして人々は言うがよい。「そうだ、正しい人は実りを見つける、
12b 節	そうだ、地に公正を実現する神はいる」と！

　この詩編は『教会の祈り』から除外された。障害となったのは、血なまぐさい暴力行為を歌う7節と11節の二つの節だけではなかった。この詩編全体にちりばめられた比喩的表現が殲滅願望を非常に具体的に描いていることによって、心静かに黙想するための典礼をかき乱すからでもあった。
　教会の伝統はこの点でさほど神経質ではなかった。この詩編を使ってユダヤ人を言葉で殺した教師や説教家は少なくなかったのである。そのことを、例えばアウグスティヌスの『詩編注解』の中に見ることができる。

「神は彼らの歯を彼らの口のなかで砕いた」

　この歯とはどんな歯のことであろうか。それは怒りを受ける蛇の歯、魔法使いの声を聞かないようにと耳を塞ぐ毒蛇の歯と同じである。彼らに対し主人は何をしたか。彼らの口の歯を砕いた。すでにこのことは行われた。「初めに」行われたし、今も現に行われている。兄弟たちよ、「神は彼らの歯を砕かれた」と言えば十分ではなかったのだろうか。なぜ「彼らの口の中」なのだろうか。あの蛇や毒蛇と同じく、ファリサイ派

の人々はキリストから律法について聞きたくなかった。キリストから真理の教えを聞きたくなかった。彼らは自分たちの過去の罪が気に入っていたし、現在の生き方を彼らは失いたくなかった。つまり彼らは永遠の喜びのためにこの世的な喜びを犠牲にするなど望まなかったのである。彼らは一方の耳を過去への愛着によって閉ざし、他方の耳を現在への愛着によって閉ざした。だから彼らは聞きたくなかった。

ではなぜ彼らはこう言ったのだろうか。「彼をこのままにさせるなら、ローマ人が来て、我々の土地も国民も奪い取るだろう」〔ヨハネ 11:48 参照〕。彼らはまさしく自分たちの土地を失いたくなかったのである。彼らは土地のことには耳を貸した。彼らについては、物欲が強く守銭奴であったと記されている。彼らの生活の全体は過去の生活も含めて、主が福音書のなかで描写しておられる。福音書を注意深く読むなら、何によって彼らが両耳を閉ざしたかを見つけることができる。

私の愛する人々よ、私の言うことを理解せよ。主は何をなさったのだったか。主は彼らの歯を彼らの口のなかで砕いた。「彼らの口のなかで」とは何を言うのだろうか。彼らは自らの口によって自分たちを有罪とする証言をした。主は彼らを強いて、彼ら自身の口によって判決を下させた。（皇帝への）納税の問題を根拠に彼らはイエスを告訴することもできた〔マタイ 22:16–22、並行マルコ 12:13–17、ルカ 20:20–26 参照〕。だがイエスは、（皇帝への）納税は律法によって許されているとも許されていないともお答えにならなかった。イエスは、彼らがご自分に嚙みつこうと望んでいる歯を砕きたかったのであり、しかも彼ら自身の口のなかで砕きたかったのである。イエスが「皇帝に納税せよ」と言ったとすれば、ユダヤ人は皇帝への納税義務を持つとしたためにユダヤ人を侮辱したという理由で、彼らはイエスを有罪にしたであろう。律法に前もって告げられているとおり、ユダヤ人は自分たちの罪のために納税の義務を負うという屈辱を味わった。「彼が納税を命じる場合には」――彼らはこう考えたのだ――「私たちは彼が我らが民を侮辱する罪を犯したことを証明する」。「だが、彼が納税しないようにと彼が言う場合には、彼が

皇帝への私たちの忠誠に反対した科で、私たちは彼が有罪であることを証明する」。主を陥れようとして、そのような危険な罠を彼らは主に対して仕掛けた。しかしこの罠を仕掛けた相手は誰だったか。彼らの歯を彼ら自身の口のなかで砕くことができる御方に対してであった。

「税金の貨幣を見せなさい」と主は言われた。「あなたたちは私に何を試みるのか、偽善者たちよ」。あなたたちは納税のことを考えているのか。正義の義務を果たしたいのか。正義に関する疑問への助言を求めているのか。あなたたちが本当に正義を求めて語るのであれば、人の子らよ、正しく判断しなさい。しかしあなたたちがそのように語りながら正しく判断しないなら、あなたたちは偽善者である。なぜあなたたちは私を試すのか。今、私はあなたたちの歯をあなたたちの口で粉砕しよう。「税金の貨幣を見せなさい」。そこで彼らはそれを見せた。だが主は「それは皇帝の所有物だ」とは言われず、問いを出した。「それは誰のものか」と。このようにして主は彼らの歯を彼ら自身の口のなかで粉砕しようとされる。「誰の肖像と銘か」という問いに対して彼らは何と「皇帝の」と答えたのである。

今まさに主は彼らの歯を彼ら自身の口のなかで粉砕される。あなたたちが答えた瞬間に、あなたたちの歯はあなたたちの口で粉砕されたのだ。「皇帝のものは皇帝に、神のものは神に与えよ」。皇帝はその像を求めているのだから、それを彼に与えよ。神はその像（神の似姿である人間）を求めているのだから、それを神に与えよ。皇帝が彼の貨幣を失わないようにしなさい。神が彼の貨幣を失わないようにしなさい。これら両方があなたたちの責任である。

だがかのファリサイ派の人々は、どう反論すればよいかわからなかった。彼らは主を告発するために遣わされたのだったが、彼らは帰って、誰も彼に答えることができなかったと報告した。どうしてなのか。彼らの歯が彼らの口のなかで粉砕されたからであった。（中略）

だが主はライオンのあご骨も打ち砕いた。「彼の口蓋のなかで」という表現が付け加えられていないが、それはここでも意味のないことでは

ない。イエスは自分に危険な質問をした人々を強いて、自ら出す答えを通して自分たちの負けを宣言せざるを得ないようにした。しかし公然と怒り狂った彼らは質問によって有罪を証明されるとは思っていなかった。それでも彼らのあご骨は打ち砕かれた。というのは十字架に付けられた御方は復活し、天に上げられ、キリストは栄光を受け、すべての諸民族によって礼拝され、すべての王たちによって礼拝される。ユダヤ人たちは怒り狂う——彼らができるなら。しかしもはや彼らには不可能である。なぜなら「主はライオンのあご骨を打ち砕かれた」からだ[11]。

このような「寓意的解釈」による議論にこれ以上反論する必要はないだろう。とは言え、このような論争は、詩編58編に対して多くの人に生じ得る無意識の拒絶反応が、時代的あるいは状況的条件に左右される「好みに基づく判断」からも影響を受ける可能性があることを示している。好みに基づく判断を下してしまう前に、詩編58編も、精読に値するテクストとして受け入れられねばならない。とりわけ、その中に積み重なる発話の層を「味わう」ことを学んだ場合にはなおさらである。その結果、詩編58編を愛するほどになる。

　この詩編に二つの文書の層の存在を、容易に見て取ることができる。第一の層では、まず、神々との対決を挑む。詩編はこれに始まり（2節）、これで閉じられる（12節）。問いかけの主題は、正しい人々が落ちぶれることがないようにする神、つまり、世界と生命の秩序を守り、この秩序の中に生き、そのために献身する正しい人々が落ちぶれないようにする神はいるか、ということである。公正な生き方が「実を結ぶ」ということを「人々」は「偽りの神々」の命運と「正しい人」の命運から認識することができるはずであり、そうして自らも正義に基づく生き方をするという決断を下すはずである。

　もう一つの層は4節と11節に見て取れる。ここでは「神々」ではなく

11　（訳注）和訳は Zenger の原著の引用からの重訳。

「邪悪な者たち」と対決する。ここで人間について言われていることは、4節から疑いようもなく明らかになる。彼らは「母の胎から」悪を行う者である。また、11節で前提とされている凄惨な戦争のイメージ（11節の「邪悪な者たち」は集合概念）も神々よりもむしろ人間を前提としている。この層での主題は「正しい人」と「邪悪な人々」との間の対立である。

　これら二つの異なる層が、この詩編にある二つの異なる成立過程を示唆している可能性が高い。元となる詩編〔基底詩編〕は2-3節、5-6節、8-10節、12節であり、詩編82編と際立った類似性を示している。そこで描かれているのは「偽りの」神々に対し、地上に溢れる不正に責任があるとして断罪し、死刑判決を下す裁判の場面である。この元来の詩編は祈りではなく、預言者的・知恵文学的な教訓詩である。そこで語るのは主自身である。主の発言は四つの部分に分けられる。2-3節は「神々」に向けて直接語りかけており、これは一種の告訴か尋問の言葉である。それに続いて5-6節では有罪判決、8-10節では処罰の通告がなされる。最後に12節で神々を殲滅する目的が表明される。つまり、ついに地上に正義を実現するという目的である。この「基底詩編」にある神々に関する論争は、いわゆる第二イザヤ（イザヤ40-55章）の神学的概念世界に見られるものだが、この基底詩編の背景には次のような考えがある。つまり、神々が歴史を決定づけるかどうか、そして神が真の神であるかどうか（ないしは「神の中の神」であるかどうか）は、その支配領域で「正しい者がその実りを味わう」ことで測られるということである。これは基本的に神義論の問題である。神々が真に神であるとすれば、世界で正しい者が正義を体験できるはずだ、それを見せよ——この詩編にあるのはこのような挑戦である。

　この基底詩編に4節、7節、11節が加えられた。そのように手を加えることで、神義論の問題が地に足が着いたものへと深まっている。というのは、（それらを加えることによって）不正や暴力行為が「神々」や「悪魔たち」の仕業だとして問題を単純化するか、あるいは誤解する危険、また諸悪との戦いを架空のあるいは天のさまざまな権力や暴力との戦い（エフェソ6:12）に限定してしまう危険、そして何より、真の神とは誰かをめぐ

っての論争にかまけて「人間」が味わう苦難を忘れてしまう危険が避けられている。さらにまた、正義の実現を「世の終わり」に先延ばしするという危険も避けられている。このような意図があったので、結びの節は非常に鋭い表現になっている。神々が神ではないのは邪悪な者たちの犯罪行為によってわかる、というものである。4節で誇張される表現も、邪悪な者たちがいかに腐敗しているかを、正義と真理の道からの逸脱として言い表すためのものである。7節にある助けを求める叫びをこの詩編の構造上の中央に巧みに配置することによって、本来の教訓詩を、死の恐怖に苛まれる者の叫びの歌に作り替えている。この状況こそが、現在の形での詩編58編を理解し神学的に評価する鍵である。つまり、正義に基づいて生きようと望む人間の叫び、また、まさにそう望むがゆえに悪しき世界に――それはうなり声を上げ獲物を食い尽くそうと狙っている獰猛なライオンにたとえられている――によって食い殺される危険に晒されている人間の叫びの歌に他ならない。残酷無残な犯罪行為の犠牲者が上げる叫び声が主題なのである。同様に11節の主題は、全能者の幻想や復讐欲を満足させることではなく、公正と正義を行き渡らせ回復させることなのである。事実、邪悪な者たちが殺害され、その血の中に正しい者たちは足を浸すという表現が私たちを驚かせ戸惑わせる。それによって、私たちの内心に普段は眠っている感情的な攻撃性という潜在的可能性が覚醒されてしまうがために、非常に危険ではある。その公正に関する議論の背景を明らかにすることで、このような極端な比喩を理解したらどうかと論ずることもできよう（以下の5章「実践のための帰結」、191頁以下を参照してほしい）。しかしいずれにせよ、この詩編やその章句に歌われる正義が何かを体験するために、次の三つの観点に注意を払わなければならない。

　（1）この詩編を祈る人は、12節において告知されている、生きるための原則というこの詩編の核心を、自分自身のものとしなければならない。つまり正しい者だけがその実りを味わう、という原則である。そして、誰が正しい者であるのかは、真の神が決める。

　（2）この詩編の主題、とくに11節の主題は、「復讐」（Rache）という

非合理的なことではなく、「処罰」（Ahndung. 私はブーバーに従ってこう翻訳する）である。つまり「処罰」とは、不正の犠牲となった者を救うこと、乱された秩序を公に復興することであり、その目的は人類の幸福にある（12節参照）。

（3）この詩編は、宗教と倫理の関係が解消されないよう戦う。人間が信じ告げ知らせる「神の」真理が本当に真理なのかどうかは、それが神に従う人々を暴力の道から遠ざけ、暴力の犠牲となった人々と連帯する生き方へと導くか否かによって証明される。

詩編83編　人々皆が反対して語る中での、神のための証言

1節	詩。アサフの／アサフのための詩編。
2a節	神（エロヒーム）よ、沈黙しつづけないでください、
2b節	黙らないでください、静かにしつづけないでください、神（エル）よ！
3a節	なぜなら、見よ、あなたの敵たちが猛り狂っています
3b節	そしてあなたを憎む者たちが頭を上げます。
4a節	彼らはあなたの民に反対して陰謀を企てます
4b節	そしてあなたが保護する人々に反対して相談します。
5a節	彼らは言います。「さあ、我々は彼らを民として根絶やしにしよう
5b節	イスラエルの名が決して二度と思い起こされることがないように」
6a節	そうです、彼らは心から互いに相談します、
6b節	あなたに逆らい、契約を結びます。
7a節	エドムの天幕そしてイシュマエル人、
7b節	モアブ人とハガル人、

詩編83編　人々皆が反対して語る中での、神のための証言

8a 節	ゲバル人とアンモン人とアマレク人、
8b 節	ペリシテ人はティルスの住民と共に、
9a 節	アッシリアも彼らと同盟し、
9b 節	ロトの子らの腕となる　[セラ]。

10a 節	ミディアン人にしたように、シセラにしたように、彼らにしてください、
10b 節	キションの川でヤビンにしたように、
11a 節	彼らはエン・ドルで殲滅されました、
11b 節	彼らは農地の肥やしとなりました、
12a 節	彼らの貴族たちをオレブやセエブのようにしてください、
12b 節	そしてセバハのようにツァルムンナのように　彼らの王侯すべてを、
13a 節	彼らは言いました。「我らの所有にしよう
13b 節	神（エロヒーム）の牧草地を！」
14a 節	私の神（エロヒーム）よ、彼らをアザミのようにしてください、
14b 節	風に吹き飛ばされる籾殻のように。
15a 節	森を焼き払う火のように、
15b 節	山々をなめ尽くす劫火のように、
16a 節	そのように彼らをあなたの嵐の風で追い払ってください
16b 節	そして彼らをあなたの暴風で震え上がらせてください。
17a 節	彼らの顔を恥辱で満たしてください、
17b 節	彼らがあなたの名を探し求めますように、主よ。
18a 節	赤面と驚愕が永遠に彼らのものとなりますように、
18b 節	そして彼らが恥じ入り消滅しますように、
19a 節	そして彼らが知りますように。あなた、その名は主、
19b 節	あなただけが全地でいと高きかた（エルヨン）である、ということを。

3章　復讐の詩編自体に目を向ける

　詩編 83 編もまた教会教導職の検閲によって『教会の祈り』から犠牲に
されたということは、詩編注解書のある部分に見られるようなこの詩編に
対する「学問的な」制限や条件を考えるなら驚くに値しない——たとえ詩
編 83 編が、他の二つの有罪判決を受けた「呪いの詩編」、つまり詩編 58
編と 109 編と比べて幾分お目こぼしを受けてきたにしても。

　一方で、特定の場合には教会で詩編 83 編を用いることが薦められる、
というはっきりとした指針が存在する。ただし、「神の証し」としてはな
く、「戦いの祈り、戦いに耐え抜く祈り」として使うのである。例えば
H. ライネルト（H. Reinelt）はその著書『霊的な聖書の読み方』のなかで
次のような祈りのヒントを与えている。

　この詩編をキリスト者が祈るときには、旧約聖書の詩編作者が凝縮した
　形で提示している民の蒙る脅威を読み替えなければならない。すなわち
　教会が歴史のなかで晒されてきた、あるいはこれからも幾度も晒される
　であろう攻撃を、一つにまとめたイメージとして読み替えなければなら
　ないのである。教会が受けるその攻撃は、私たちの主イエス・キリスト
　がお受けになったものに対応するものなのである。この詩編の最後の節
　から光を受けて、キリスト者はこの詩編を自分の祈りとして祈ることが
　できる [12]。

　類似の見方を A. ダイスラー（A. Deissler）も提案している。この詩編の
なかで戦いの相手とされている教会の敵をより包括的に説明する。

　この詩編が実に旧約聖書らしい詩編だということであれば、新約聖書の
　レベルにおいてその理解の地平を拡大する必要がある。詩編のなかで名
　指しされている敵は、神に反する諸力そのものの暗号となる。神に反す

12　H. Groß / H. Reinelt, Das Buch der Psalmen II (Geistliche Schriftlesung 9),
Düsseldorf ²1984, 86.

る諸力のなかでそしてその背後で罪、死そしてサタンが働きかけている（黙示録 13 章、20:7–10 参照）。神に反する諸力を繰り返し新たに無力化することが、キリスト者がこの詩編を祈るときに願い求めることである。17 節の願い——これを読み飛ばしてはならない——に最も強いアクセントを置かなければならない。すべての人々が「神の名を探し求めるように」という願いは、まさしくキリスト者にとって究極のそして至高の願望とならねばならない [13]。

この詩編の祈りについては、マイセン司教オットー・シュピュルベック（Otto Spülbeck）の請願（Votum）でも同様の見解が示されている。同司教は、『教会の祈り』に「呪いの詩編」を残すべきかそれとも削除すべきかを議論した 1965 年の委員会（"Consilium"）の委員として、次のような意見を表明した。

私たちが置かれた特別な（つまり政治的）状況が、詩編の書全体をそのまま用いることを求める。私たちは悪しき世界状況の中にいるのであるから、「悪魔に対抗する」（contra diabolum）表現が私たちには必要である [14]。

この立場は、「信仰のゆえに迫害されているキリスト者のためのミサ」のミサ典礼文の刷新の根拠にもなっている。その決定に従えば、使徒言行録 4:23–31 の朗読の後で詩編 83 編の 19 節と 14 節を答唱詩編として歌うのである。詩編の本文をこのように切り刻むことがすでに問題であるのだが（例えば導入の嘆き［2 節］をどうして省くことができるのか）、その上、節の順序を入れ替えたために、この詩編の神学的なダイナミズム（それについては以下を参照してほしい）が理解されないし、この詩編が「典型的

---

13 A. Deissler, Die Psalmen. II. Teil (Ps 42–89), Düsseldorf 1964, 157 f.

14 A. Bugnini, Die Liturgiereform 426 Anm. 10 参照。

な」キリスト教詩編として誤解されてしまう。

詩編 83 編を「肯定的に」キリスト教に取り入れようとする試みに共通
しているのは、この詩編に歌われることとイスラエルとに直接的な連関を
見出し、寓意（アレゴリー）として教会にあてはめることである。それと
は対照的に、詩編 83:10–16 に展開された歴史神学をしっかりと受け止め
るなら、聖書注解者たちの誤った事なかれ主義や無理解に気付かされるこ
とになる。その両方が 1955 年刊行の『インタープリターズ・バイブル』
（The Interpreter's Bible）シリーズに簡潔に要約されている。

> この詩編は血なまぐさい暴力の目録であり、人を感化するにも役立たず、
> うんざりさせられる。（中略）これらの要素が原因となって、この詩編
> は詩編の書にあるどの詩編よりも宗教性に欠ける詩編の一つだという共
> 通認識が生まれた。過誤や復讐心に完全に屈服し——詩編の結びにある
> 信心深い希望の言葉は評価できるとはいえ——他の呪いの詩編の救いと
> なるような信心や信頼、神を信頼して表明する悲嘆という含意がまった
> く欠けている[15]。

この詩編の祈りのダイナミズムに少し目を向けるだけで明らかとなるの
は、私見では、この詩編が、捨てがたい神学的使信を持っているというこ
とである。実際最後の節はミサの「栄光の賛歌」（「グロリア」[Gloria]）[16]
にも取り入れられているほどである。

バビロン捕囚後の作品であるこの詩編は（明示的にも暗示的にも）一貫
して神への「あなた」という呼びかけの形で構成されていて、加えて、2
節の願望形（Vetitive）と 10 節、12 節、14 節、17 節の四つの命令形
（Imperative）がこの「あなた」への呼びかけのなかに、まさに戦いにおい

15　The Interpreter's Bible IV, New York/Nashville 1955, 450 f.

16　（訳注）「グロリア」は「天のいと高きところには神に栄光」（Gloria in excelsis
deo）で始まる典礼賛歌。キリストを讃える部分の結びである「主のみいと高し、イエ
ス・キリストよ」（Tu solus altissimus, Jesu Christe）にこの詩編の影響が見える。

て求められる緊迫さを与えている。この戦いは神とともに戦う戦いであり、イスラエルのなかでイスラエルのために神が神であることを証明するための戦いである。しかも諸民族の世界が見守る中での戦いである。

　ここでイスラエルは神自身のために弁護人の役割を演じる。しかもそれは、主とイスラエルがメダルの裏表のように結ばれているという経験に基づいている。イスラエルが脅かされるとき、イスラエルの神としての主が脅かされる。イスラエルの名が消滅するとき、イスラエルの神である主が「消滅する」。極端に言えば、この詩編のなかでイスラエルは、ついに自分たちの「生き残り」のための何かを為すことを主に求めて叫んでいるのである。このダイナミズムが詩編の冒頭と結びの章句で強い表現をもって強調される。

　2節の二つのコロン [17] で、神の表記として「エロヒーム」と「エル」が使われ、それらが枠のように配置されているのに対し、19節の二つのコロンではその中央に神の名である「主」ないし神の称号である「エルヨン」が並置される。これら二つの並行する詩編章句においてのみ各行で神の名が明示的に歌われ、強く願い求められている神の証明がどのようになされるのかという過程が非常に巧みに要約される。つまり、沈黙する神としては「エロヒーム」あるいは「エル」であり、ある意味で遠くにいる神、無名の神、顔を見せない神である。諸民族の神々の世界において、いわば、潜伏している神である。

　さらに悪いことには、諸民族はまさに神を廃そうとするどころか殲滅しようとしている。だからこそこの詩編のなかでイスラエルは、その不安を極端なまでのイメージをもって、またイスラエルを生み支えてきた神の歴史を想起して描き出すことで、神に強く訴えかける。今は神が遠く離れ何を願っても答えようとなさらないとしても、ついには神がイスラエルに答え、「主」という「彼の名」においてご自身を顕してくださるように、と。そして「主」が個別的なことにおいても普遍的なことにおいても神である

17　（訳注）古典古代の文・詩行のリズムの単位（『独和大辞典』参照）。

ことを指摘する（19節）。主がご自分を忘れイスラエルを見捨てるという危険な状態から目覚めてくださいますように、とイスラエルは叫ぶ。この叫びの下にこの詩編の他のすべての発言が位置づけられる。いわゆる呪いの願望、殲滅の願望も同様である。

この詩編を動かす感情は、イスラエルがその神のゆえに苦しむ、その苦しみである。そうだ、神不在という苦痛に満ちた苦しみだ。詩編は民としてのイスラエルの記憶から神との関係の歴史を思い起こし、懇願するが、この神との歴史はまだ決着していない状態にあり（ambivalent）、神がイスラエルと関わりを断つことさえあることを経験してきた。だからこそ強く嘆願しなければならないのである。

第一部分（2-9節）

この詩編は明らかに二つの部分から成る。9節末尾の「セラ」もまたそのことを際立たせている。第一部分（2-9節）は嘆きと抗議である。つまり、全世界の諸民族がこぞってイスラエルを狙って企んでいるのに、心を動かされることもなければ自分には関係がないと思っている神、それどころか、なすすべを知らずその企みを甘受している神に向かっての嘆きと抗議である。

その嘆きは、三つの段階によって次第に強まる願望形（Vetitive）が連続する形で始まり、そこではイスラエルにとって神が姿を隠す闇の経験が歌われる。どうか神が語り、行動し、自分のこととして受け止めてくださるように、と。言い換えれば、神がその民の中にある神、その民と共に住む生きている神であるということはイスラエルの伝統的信仰の核心部分に属する。しかし、まさにその核心がイスラエルの歴史をとおして疑わしく信頼できないものとなった。それは、3-9節で具体的な情景をもって展開されているとおりである。他方この部分は二つの部分、すなわち3-6節と7-9節とからなる。

3-6節では、敵対する諸国民が主とその民に企てる陰謀を「交差並行

118

法」（Chiasum）[18] のスタイルで嘆く（3節は主に対する陰謀、4–5節は主の民に対する陰謀、6節は主に対する陰謀）。敵対する行動は人間の行動に喩える表現で描かれる。すなわち、敵たちは「憎む」、「頭を上げる」、「相談する」、互いに言い合う、「心」と「腕」を持つという表現である。それに対応して、超越する神である主はこの世界に内在するもの、具象的な存在としてイメージされている。ゆえに、まさに神ご自身が直接の標的となって脅威と危険に晒されている、という表現になっている。つまり「あなたに逆らい、契約を結びます」という表現である（6b節）。他方で、最初の動詞「猛り狂う」は、創造における混沌との戦いを表現する言葉から採られた語で、出来事全体に神話の次元の意味合いを与えている。それによって、ここで描写されている対立が持つ本質的で基本的な意味が表現される。

　ここに描かれる戦いは、イスラエルに対する一時的な戦いではなく、主に対する戦い、つまり、イスラエルと自らを結びつける神という存在に対する諸国民の反逆という神話的な戦いである。このことが諸国民の口からの陰謀の言葉（5節）においてばかりでなく、「（彼らは）契約を結びます」（6b節）という言葉にも要約されて表現されている。「契約」という語は、主とイスラエルとの間で前提となる関係に対抗するものとして、意図的に用いられている。イスラエルは神を証しするものであることが、すでに詩編のこの短い部分で明らかとなっている。つまりイスラエルは歴史のなかで働く神を信じたのであるから、言葉においてもイメージによっても神を歴史と強く結びつけなければならない。そのため、この歴史と分かちがたい関係にある具象的なイメージをもって神を可能な限り描かざるを得ない。このことこそが、ユダヤ教的・キリスト教的な神に関する使信が投げかける本来の挑戦であって、それは詩編83編にある「呪いの願い、殲滅の願い」においてそれ以上受忍できないと思えるほどに強く表現されている。キリスト者は神の行為がこの世界に内在的であることを、イエス・キリストの生と死という比較的慎ましやかな歴史の観点に集中して理解してきた。

18　（訳注）集中構造の一種で、キーワードや語句をABBAの順で配置するスタイル。

3章　復讐の詩編自体に目を向ける

そのため、イスラエルの歴史の中に神のそのような複雑で具体的な「受肉」(Inkarnation) を見るということがキリスト者にとっての一つの挑戦[19]になるのは、容易に理解できる。それは、先に概略を説明した「呪いの詩編」に関する議論が示しているとおりである。

　はたして主は歴史をとおして自らを神であると示したのかという疑義を、この詩編は根本問題として受け止め解釈する。これは第二部分の後半(7–9節）に巧みに描き出された諸民族の群像にも読み取ることができるが、そこでは 3–6 節で嘆かれていた陰謀の立役者が名指しされている。この部分をかつて起こった一回限りの歴史的状況に結びつけて解釈しようとする聖書釈義の試みが何度もなされたにしても、次のことはしっかり押さえておかなければならない。すなわち、この部分が詩的・象徴的に構成されているということだけからもすでに明らかなように、イスラエルの歴史の破滅的な側面そのものがテーマなのである。名指しされた諸民族や諸部族は、イスラエルがその歴史のなかで敵対しあるいは敵として恐れてきた周辺の諸民族世界を寓意画のように表現したものである。

　この「諸民族の群像」がどのような形で構成されているかを見るなら、解釈上有用な五つの特徴が指摘できる。(1) 10 の民族名が挙げられ、それによって全体性、つまり一種の歴史の総まとめがテーマであるということが示されている。(2) 10 の民族名は言語的文体的な観点から、9+1 に分けることができる。7–8 節で 9 の民族名が並列されているのに対し、9節に出る 10 番目の民族名アッシリアは文の構成（Syntax）の点で前のものと区別されている。それによってこの歴史のまとめ方には二つの次元があることが示される。つまり、一方で陰謀の立役者である小さな民々があり、他方でそれらの民族も大きな立役者によって助けられ追い立てられて

19　これに関しては H.-P. Müller, Entmythologisierung und Altes Testament: NZSTh 35, 1993, 2 Anm. 5 を参照してほしい。そこにおいてミュラーはこう記している。「超越者である主がこの世界に具体的な行為において内在するという関係にあることが、新約に対する旧約の多義的な価値であろう。キリスト者にとっても旧約は新約の前に余分なものとはならない」。

いるということがある。(3) 9の小さな諸民族は地理的順序で配列されていて、東からそして西からイスラエルに脅威となる包囲網を呼び覚ます。(4) そこに選ばれた民族名は明らかに、イスラエルの約束の地への旅路とそこでの定住を物語る伝承を写し出すものである。(5) 九つの民族が一つにまとめられているということはおそらく、エジプトの図像や国家神話に多く記録として残されている九つの「諸民族」、「九つの弓」という表象と関連するのであろう。それらはエジプト王の支配に屈服した敵対的諸民族すべてを象徴するものであった。したがって、詩編83編がこの9からなる敵対的諸民族の反乱を嘆いているのだとすれば、それによって、混沌を治め宇宙的秩序を回復するという「主」の役割をイスラエルは切に訴えているのだ。

第二部分（10-19節）

　この部分は主が行動を起こしてくださるようにと、三通りの仕方で働きかける。その際、自らが神であることを証明してほしいという願いは、比喩によって、あるいは神の名を用いることによって次第に強まっていく。まず10-13節では士師記4-8章をほのめかしつつ、イスラエルの敵に対する主の「最初の頃の」行為を思い起こす。その際に神との直接の関係は、敵たちの発言を引用する形でのみ明示的に表現される。ここで用いられるイメージが具体的に描くのは、主の行為ではなく敵たちの運命である。

　それに対し次のまとまり、つまり14-16節は「私の神（エロヒーム）」という目立つ呼びかけで始まり、（自然における）神顕現を表現するイメージを提示する。その際、16節では「あなたの」（前接的人称接尾辞[enklitische Personalsuffix]）が付されている。これは神の到来が人格的側面を有することを語るものであって、次の17-19節においてヤハウェという名前が強調のため二度用いられる発言へとつながっていく。すなわち、最後の第三のまとまり、つまり17-19節で「主」という神の名が二度繰り返され、（人格性の観点が）強調された表現となっている。

　最後のまとまりで用いられるイメージは、詩編で常套的に用いられる言

語表現を使って、主と敵対する諸民族との対決を人格的な出会いとして描く。主は敵対する諸民族と対決することにより、イスラエルの苦境を知り、その不当さを認め、この詩編のなかで嘆かれているイスラエルの苦難の歴史を終わらせる。まさにこのように次第に強まっていくイメージによる表現と主の啓示の仕方に、注意を払わなければならない。それによってこの詩編にある「殲滅の願い」を正しく理解できるようになるからである。

イメージは主のためのイメージ、つまり、主がイスラエルと共に歩んだ歴史の根本を思い起こすようにと主に迫る比喩であるのと同時に、このイメージが成就するのかどうかを主の判断に委ねるための比喩である。実に聖書が用いる神の比喩は明らかに不条理であり、我慢ならないものとして誤解されがちであるからこそ、「意味論的ショック」[20]（Semantischer Schock）を引き起こし、新たな神の認識へと導くという効果を生む。そこでは、聖書が神の比喩を受忍できず我慢ならないものとして突きつけている、ということが重要なのである。そのようにする目的は、神に関する複雑な真理を概念によって固定化することで歪めたり破壊したりしないようにすることにある。

神の比喩は、言語の力により慣れ親しんで自明となっているものを乗り越え、神についての新たな驚くべき発見を可能にする。いやそれを要求する。なぜなら歴史自体が、神が誰であるかについての記述をつねに新たに疑問視し、同時に新たな記述方法や理解を提示してきたからである。イスラエルの信仰の歴史が魅力的で活き活きとしたものであるのは、「皮相的な一致が損なわれたときに、中心となる神の比喩が意味論的に我慢ならないからといって、さっさと表面的な辻褄合わせへと逃げたりせず、また理解しようという意志を放棄しなかったことによる」[21]。

---

20 H. Weinrich, Semantik der kühnen Metapher, in: A. Haverkamp (Hrsg.), Theorie der Metapher, Darmstadt 1983, 316–339 参照。この論文でヴァインリヒは比喩の「異議申し立て性」、つまり比喩に「（思考の）大胆さという性格」を与えるものについて論じている。

21 J. Werbick, Bilder sind Wege. Eine Gotteslehre, München 1992, 70 f.

イスラエルが激しい熱意で神の真理をしっかり保ち、新たな神体験を探し求めたことは、神の比喩のモンタージュの中に表現されている。神の比喩のモンタージュは、いくつかの比喩を組み合わせることにより「意味論的ショック」をさらに強める。それは 10–13 節、14–16 節、17–19 節の三部分にもあてはまる。ここで比喩的な語りが、祈りないし神への訴えの形でなされているために、劇的効果はさらに強まる。10–19 節で組み合わされた神の比喩は、二重の意味を持つ神の具象的イメージである。つまり、一方で、まさに歴史をとおして生まれた疑義に直面しつつ、民としての集団的記憶を集めた神体験を数え上げ、その真理を新たに把握しようとする。それによってイスラエルはある意味で自己に次のような課題を課す。すなわち、主に、そして正義を作りだす主の到来に従来結びつけられていたメタファーを作りかえ、新たに修得しなおすという課題である。

他方で、主に訴えかけるというイメージがある。それによって主は神としての力を新たに発揮するようにと呼びかけられる——もちろん、そうするかどうかは主自身の意志によることだが。10–19 節の比喩のモンタージュには、個々のイメージが作りだす緊張や矛盾が存在するが、そうであればこそ、文献批判（史料批判）によって解決するべきではなく、また、神学的に一つの命題にまとめて平均化するべきでもない。とりわけ第三部分は、正統とされる考えに合わせてわざと和らげた表現になっていると誤解してはならない。この箇所は、イスラエルの神である主が直ちにそして最終的に自らを「エル・ヨン」——混沌との戦いにシオンから立ち上がる戦士——として示すように、と主に迫る。エル・ヨンであることを示すのは、主の「名」にふさわしいことであり、この詩編は、イスラエルの歴史のはじめに主が戦いの神であったことを比喩的な手法でもって訴えかけることによって、その守り救う力を求めているのである。

神から受けた土地からイスラエルを追放しようとしたカナン人とミディアン人からイスラエルを救った物語を比喩的に写し出すのは、この戦争の歴史を単純に繰り返してほしいからではない（そうだとすれば主はその歴史的次元を奪われ神話的な神の姿になってしまうだろう）。この詩編が提示する

比喩の広がり（Metaphernfeld）はむしろ、顕現（Epiphanie. 10–16 節）と神顕現（Theophanie. 17–19 節）の結合であり、この両者によって諸民族すべてが神を知る——その点で、イスラエルの救いにもつながるようになる——のである。この目的から見れば、この詩編によりイスラエルは神証言を実行していることになる。それによってイスラエル自身が変えられるばかりでなく、諸国民をも変化させることが望まれている。しかもイスラエルが神証言を実行する状況とは、主について伝承されてきた語り、すなわち、救済者であり保護者である神、公正と正義を普遍的に保証するものである神という語りが歴史の現実によって反証されているかに見える。このような苦難に満ちた状況のなかでイスラエルはその神の証しを立て、そしてその証しは神に向けての、神のための、力を込めた叫びであり、無力な者としての叫びによって示されるのである。それは希望する力を与える叫び、主がイスラエルのなかで、またイスラエルをとおしてこの世界のなかで、ご自身を神として示してくださいますように、という叫びである。すなわち、主に関して極端なまでの疑義を抱いてもなお、自分たちの神である主にすべてを委ねるのであり、イスラエルがこのように主の証しをすることで、神の正義とは圧迫された者たちや迫害された者たちへの愛である、ということが証明されるのである。

　詩編 83 編に示される神の証しにはどのような次元が含まれているのか、またキリスト者がこの詩編をどのように受け入れるのかとの問いにとってそのことが何を意味するのかは、さらに詳しく論じなければならないであろう。だが、現在の問題設定とこの詩編の神学的「価値評価」については、次の観点が重要である。

　（1）この詩編の冒頭と末尾に一種の枠として、「デボラの歌」の結びの節（士師記 5:31）が取り込まれており、また 10 節で示されているとおり、この詩編は士師記 4–5 章の伝承を取り入れ、それを比喩を用いて現実と結びつけようとしている。士師記 5 章との結びつきは、この詩編にさらに多くの含意を与える。すなわち詩編冒頭の願望形（Vetitive）はそれに続く節で、シナイから来る救済者である神に向けての叫びとして聞こえるよ

うになるが、その神顕現に基づいて、士師記 5:4–5, 20 と詩編 83:14–16 との関連性も暗示される。他方、士師記 5 章との比較は、詩編 83 編の神学的特徴を鋭く立ち現す。19 節が士師記 5 章の結びの節を書き継いだもの（Fortschreibung）であるとすれば、シナイの神の自己顕現が神の民であるイスラエルを救うためであるのは確かだが（詩編 83:4–5 と士師記 5:11, 13 を比較してほしい）、〔詩編 83 編のコンテクストでは〕それに伴って、というよりもそれ以上に、敵対する諸民族を変化させるものとなる。また詩編の組み立て（構造）からも強調されている 3 節と 19 節のコントラストは、次のことを指し示している。すなわち、詩編が望んでいるのは神に敵対する者たちの終わりだけではなく、神に対する敵対そのものの終わりだ、ということである。主とその民に反抗して襲いかかる諸民族の嵐（2–4 節）は主の介入によって諸民族の巡礼（17b 節）へ、諸民族の服従（19 節）へと変化する。詩編の根底にあるのはこのダイナミズムであって、その他の問題ある個々の言葉はすべて、このダイナミズムに照らして解釈されるべきである。

（2）詩編 83 編は詩編 46–48 編とモチーフの点で幾重にも関連し合っているだけではない。とくに出来事の構成において詩編 46 編にかなり忠実に倣っている結果、信頼の詩編である詩編 46 編で構成されたヴィジョン、つまり主の普遍的な平和の統治が開始されるというヴィジョンを、詩編 83 編が神に訴えかけていることが読み取れる[22]。

（3）注解書のなかで必ずと言ってよいほど指摘されることだが、詩編 83 編での出来事の構造は詩編 2 編のそれと対応しており、その比喩のモンタージュが対比的な緊張に富むものであるところも類似している。その上、両詩編の間にはキーワードの連関も多数存在する[23]。両詩編の親近性

22　詩編 83 編と詩編 46 編の親近性はとりわけ「諸民族が猛り狂う」（詩編 46:4, 7、83:3）と「主を認める」（詩編 46:11、83:19）との間の、両詩編に共通の意味論的緊張から見て取れる。また、「主を認めること」は、詩編 46:11 は諸民族への促しとして言われるが、詩編 83:19 では主への願いとして言われている。

23　詩編 2:2、83:4（「企む」、「陰謀」）、詩編 2:5、83:16, 18（「震え上がる」）、詩編

を成立史の観点による依存関係から説明できるかどうか、あるいはどのように説明できるのかはここではこれ以上議論することができない。しかし次のことは詩編 83 編の神学的理解のために重要である。つまり、詩編 2 編もまた、イスラエルと諸民族が主の王的支配に共に服するよう導くために、暴力の比喩を使うということである。

　（4）詩編 83 編は詩編 100 編に見られるヴィジョンの背景となっている。詩編 100 編は「主は王」というテーマの一連の詩編である詩編 93–99 編の結びとして置かれている賛歌であり、そこで歌われているヴィジョンは、イスラエルと諸民族が一つとなって共通の神としてシナイの神を証しするというものである。まさに詩編 100 編は詩編 83:17–19 の解釈として書き継がれたものとして理解できる。

　（5）詩編 83 編の口火を切る呼びかけ「沈黙しつづけないでください」は、正典間の関連に注目する解釈法（kanonische Lektüre）の観点からは、アサフの詩編 50:3 の「私たちの神は来られる。沈黙なさらない」という言葉につながる。すなわち、自身の民に神の公正さを宣べ伝え、裁きにおいて自身の民の只中で自身の権威を執行し貫徹する主の顕現が――しかも全世界を舞台として（詩編 50:2）――詩編 50 編で予告され、アサフの詩編 83 編において、この世界に生きる諸民族に明かされる出来事として実現する。詩編 50 編から詩編 83 編に至る緊張の弓（Spannungsbogen）は同時に、詩編 83:17, 19 において諸民族に向かって促されている「主を知ること」が何を意味するのかを解釈するものである。すなわち、シナイで啓示されシオンから全世界に行き渡る神の公正を受諾する、という意味である。

　（6）詩編 83 編が表現するものを決して国家主義者や勝利主義者のような権力欲として誤解してはならないとのことは、詩編 83 編と詩編 73 編の間にあるいくつものキーワードの関連によっても強く主張される。すな

2:12、83:18（「消滅する」）、詩編 2:12、83:15（「焼き払う」）。両詩編の構造上の並行が重要である。すなわち、主に向かって押し寄せる「諸民族の嵐」、陰謀を言い表す発言の引用、「神がもたらす驚愕」による主の介入、主の普遍的支配を諸民族が認めるようになるという目的である。

わち、イスラエルがその神のゆえに苦しむことも、なお、イスラエルの中に活き活きと脈打つ神への憧れの感情に満ちた証しであることを。

　(7)　ちょうど12あるアサフの詩（詩編50編、73–83編）の結びの詩である詩編83編は、まさしく文字通り「神義論の詩編」である。ここでいう神義論とは、この詩編が神を「義化」することを意味するのではないことは明らかだ。この詩編が神の正義を強く願う、つまり、不正によって主が神であることが脅かされている現状に対し、主ご自身が立ち向かうようにと強く願うという意味での神義論である。詩編83編における主に訴えかけるこの叫びは、希望の比喩として、すなわち、この不正を主ご自身は受忍したり受容したりはなさらないという希望の比喩としてなされるものなのである。

詩編137編　無力な者に残されたもの

1a節	バビロンの水路で
1b節	そこで私たちは座り、そして泣いた。
1c節	私たちがシオンを思ったときに。
2a節	その中のポプラの木に
2b節	私たちは私たちの琴を懸けた。
3a節	なぜならそこで私たちの暴君たちが歌を要求したから
3b節	そして私たちを苦しめる者たちが喜びを。
3c節	「私たちのためにシオンの歌の一つを歌え！」
4a節	どうして私たちは主の歌を歌えただろうか
4b節	異国の土地の上で？
5a節	もしも私があなたを忘れるなら、エルサレムよ、
5b節	私の右は自分を忘れるがよい、
6a節	私の舌は私の口蓋にはりつけばよい、
6b節	もしも私があなたのことをもはや思わないなら、

6c 節	もしも私がエルサレムを置かないなら
6d 節	私の喜びの頂点に。
7a 節	思い起こしてください、主よ、エドムの子らを
7b 節	エルサレムの日に。
7c 節	彼らは話した。「取り壊せ、取り壊せ
7d 節	その土台まで！」
8a 節	バビロンの娘よ、お前、暴力的な者よ。
8b 節	幸いだ、お前に仕返しする者は
8c 節	お前が私たちにしたお前の行為を！
9a 節	幸いだ、捕らえ、粉砕する者は
9b 節	お前の子らを岩石で！

　バビロン捕囚の状況のなかで生まれた詩編137編はまさに「暴力の詩編」の中の「暴力の詩編」（最も暴力的な詩編）であり、少なくとも詩編全文をそのままの形で用いることは、キリスト教的でないという理由で拒絶されるほどである（もっとも前半の部分はキリスト教のなかで大切にされる言葉になっているし、最近ではボニー・Ｍというグループがメロディーを付けて、若者のディスコ・ミュージックのヒットとなってはいるのだが）。概ね共感的にこの詩編を解釈するアルフォンス・ダイスラー（Alfons Deissler）さえも、次のように結論づけている。

　詩編137編は詩編の書のなかで最も心を打つ、詩として最も優れた歌である。祈り手が置かれていたその時代の状況に身を置くなら、私たちは心をしっかりとつかまれる。そればかりでなく、反感を呼ぶ結びの節も当時の地平に照らすなら、たちまち心理的に理解できるようになるほどだ。しかしこの詩編で歌われていることを追体験する場合にも、キリスト者がその中に入り込むことは決して許されない。ルカ9:54–55でイエスは決して越えてはならない限界を設けている。すなわち、弟子たちは敵たちの上に天から火が降りかかることを願ってはならない。迫害

する者たちのために祈るべきであって、呪ってはならない。そうしたイエスの言葉と行動の規範は、解釈の余地のない明白な教えである（マタイ 5:44、ルカ 23:34。ローマ 12:19–20 も参照）。それゆえ詩編 137 編の結びの節（8 節）は新しい神の民が用いる詩編の書からは削除されるべきである。黙示録 18:2–8 も地上の教会が唱える祈りの言葉として正当化できない[24]。

8–9 節を削除するのは詩編の文学作品としての構造を壊すばかりでなく、詩編における暴力に関する見方を正しく理解し、かつ神学的にも受け入れ可能なものとする一つの本質的な鍵をこの詩編から奪うことにもなる。8–9 節を拙速に取り除こうとするのはそこで幼児を殺す者が幸いだと言われていると解釈されるからであるが、これらの節の主題はそうしたことではなく、無力な者が正義を求めて叫ぶ熱情的な叫びなのだ。

　詩編 137 編は苦難に満ちた状況を暴力によって変化させる権力を持つ人間が歌うような歌ではない。また、テロリストによる戦闘の歌でもない。そうではなく、たとえあらゆることがそれに反対しているとしても、過去の歴史の一幕となってしまったアイデンティティーをしっかりと保つ試みである。しかも、最も低い者として扱われた屈辱や誰の助けも受けられない境遇にあって、すべてを神に委ねつつ、自らの胸の中にある暴力への傾きという非人間的なものと戦って打ち倒そうとする試みである。さらに言うなら、その神が下す裁きの言葉は普遍的な正義を前提としているので、詩編の祈り手もまたこの正義に服する。

　この詩編は二つの部分からなる。1–6 節で祈り手はバビロニアという異国の状況で陥った非常に特殊な葛藤について嘆く。歴史の一コマを切り取った場面のなかで、社会の構造的暴力や「暴君たち」の嘲り、そしてまた、理不尽な状況全体が写し出される。「苦しめる者たち」が「シオンの歌」をもって嘲る。シオンの歌はかつてシオンの保護者、シオンに住む人々の

24　A. Deissler, Die Psalmen. III. Teil (Ps 90–150), Düsseldorf 1965, 185 f.

保護者としての主を讃える歌であった（詩編 46 編、48 編）。バビロニアに強制移住させられたこと、そしてエルサレムが破壊されたこと（7 節の「エルサレムの日」を参照してほしい）は、バビロニアの人々の目にはシオンの歌に歌われた主とシオンには密接な関係などないことの立派な証拠として映った。この状況で「シオンの歌」を歌うというのは痛烈な侮辱であったであろう。それが今や神への疑義そのものになる。しかし、主と主がシオンに与えた約束とを決して捨てない。そもそもそれ以外に何か保つべきものがあるだろうか。5–6 節が示すように、それらをしっかりと保つには苦労が多い。だから厳しい現実の圧力や自らの無力さに逆らって、誓い——すべてを主に希望しすべてを主に委ねる、という誓い——の仕草をする。これが 5–6 節の意味するところである。すなわち「誓いを立てるとき、誓いを立てる者は象徴的仕草として手で喉をしっかりと摑みつつ、誓いの言葉を発する。詩編の歌い手がエルサレムを忘れるなら、誓いを立てたその瞬間に、誓いを立てる者の手が自分自身を忘れ、喉を締め上げることになる。その結果は窒息であり、詩編のなかで舌が口蓋にはりつくと表現しているのは、この窒息を写実的に描き出したものである」[25]。

　何があろうと主とエルサレムから離れ去ることはしないという誓いをもって、この詩編の祈り手は主に訴えかける。この第二部分は、言葉上第一部分とはっきり区別される。主への訴えとは、主のほうもその民とその都エルサレムとの関わりを歴史の中に実現する働きによって——エドムとバビロンによって無視され破壊された法秩序を公に復興することによって——証明してくださいますように、との願いである（7–9 節）。

　私たちの考察にとって、以下の観点が重要である。

　（1）この詩編全体（一部分だけでなく）を決定づけるのは神を中心としてすべてを見る考え方である。嘆きの主題は、バビロン捕囚で強制移住させられた人々にとっての外的な苦難ではなく、主がシオンとの関わりを放

25　B. Hartberger, »An den Wassern von Babylon...« Psalm 137 auf dem Hintergrund von Jeremia 51, der biblischen Edom-Traditionen und babylonischer Originalquellen (BBB 63), Frankfurt 1986, 222.

棄されたのではないかという不安、それどころか、シオン／エルサレムか
ら啓示された神の真実がバビロニア帝国の権力によってまったくの虚偽で
あったと証明されたのではないかという不安である。それゆえ助けを求め
る叫びの主題と第二部分の「幸い」の主題は、イスラエルの将来ではなく、
むしろ、一つの歴史的経験なのである。つまり、エドムによる兄弟（ユ
ダ）への裏切りであろうとバビロニアの残酷さであろうと、いずれもすべ
てを決するようなものではないという歴史的経験である。以上に基づけば
そこからこの詩編は「神義論の詩編」に分類することができる。神の弁護
をあとづけて行うというのではなく、現状（status quo）が従来信じられ希
望されてきた神の真実とは矛盾するがゆえに我慢できないのだ、という告
発がなされている。「典礼改革者」たちがしたように、1–6 節のみを「キ
リスト教的」として祈ったり歌ったりできるとすれば、7–9 節における神
への嘆願に本質的に依存している神中心的ダイナミズムをこの詩編から奪
い去ることになる。7 節があってこそ、この詩編は言葉の上でも文学的に
も神への祈りとなるのだ。

　（2）この詩編全体は法概念や法に関する考え方に特徴づけられている。
自然に受ける印象とは異なり、憎しみの感情や復讐という非合理的なもの
に促されて創られた詩編ではない。この詩編の第一部分においてすでに、
同害報復（talion）の原則に基づいて表現された誓いの身振りを用いて、
主が定め保護する根本的法秩序が描き出されている。しかも祈り手自身は
この法秩序に服従する。このことは特に説明を要する 8–9 節の部分に、
より一層当てはまる。知恵文学的な「幸い」の宣言という定型表現が、因
果応報の正義（いわゆる行為と結果の連関）を思い起こさせる。この因果応
報の正義は、個々人ばかりではなく、とりわけ諸民族が社会的に共生する
ための基盤である。8–9 節は世界秩序が公に回復されることを言うもので
ある。現代でも侵略者やテロリスト国家から民族の権利を守る制裁が必要
とされ、実際に制裁が行われるが、それは「復讐」とは無関係である。そ
れと同じで、8–9 節におけるバビロンに制裁を加える権力の発動を求める
叫びも「復讐」とは無関係である。

（3）この詩編は神への疑義と捕囚で強制移住させられた人々の生死に関わる不安を詩的に情緒豊かに表現したものである。詩であるからこそイメージに満ちており、そのイメージによって成り立っている。そのイメージをイメージとして尊重しなければならない。政治的な戦略として受け取ってはならないのである。まさに9節から受けるのは、第一印象は恐ろしいイメージであるが、これはイスラエルの無力さの経験を語っている。バビロニア帝国の軍事力の残酷さ、その背景にある世界支配のイデオロギーの残酷さに直面して、イスラエルは自らの無力さを現実的に経験したのだった。この暴力の権化に対し、詩編137:8-9は希望を対峙させる。この権力が転覆させられるという希望である。しかもそれは、この暴力の権化が一挙に転覆させられ永遠に終わるという希望だ。次のことは特に重要である。すなわち、この詩編はイスラエルがバビロンに取って代わることなど願っていないということだ（例えばマリアの賛歌『マニフィカト』ではそのような変化を願っている。ルカ1:52を参照してほしい）。実にこの詩編では、神中心の考えにしっかりと留まりつつ、諸民族を圧迫する暴力を当然の権利として振り回す権力に対し正義を突きつけることが主題となっているのである。

（4）バビロニア帝国の恐怖による支配が終わることを願うという意味において、詩編137編は政治的な詩編である。そのことは娘バビロンの子どもたちが首都バビロンの舗石にたたきつけられるというイメージを理解するために重要である。「子どもたち」とは王宮の子どもたち、つまり王朝である（イザヤ7:14-16、9:1-6参照）。残酷なイメージが表現しようとするのは、この恐怖によって支配する王朝が徹底的に（「根こそぎ」）亡ぼされるようにという願いである。詩編137:9の別訳の可能性については、本書の最終章でいくつかの可能性を考察したい（5章参照）。

（5）正義にもとづく世界秩序を保護する神に向けての叫びは、詩編137編の祈り手にとって、歴史のなかで経験される主の愛、シオン／エルサレム／イスラエルに注ぐ主の愛の記憶に根ざすものである。この詩編に溢れる熱情的な言葉は、それゆえ、熱情に溢れる愛の表現であり、愛する者に

よってのみ理解され、また追体験されるものである。愛から溢れ出る神への憧れと（暴力的な）行動計画とを取り違えるなら、詩編137編を理解することはまったく不可能である。

詩編44編　暴力の神というイメージの変貌

『詩編の書』のいくつかの詩編のなかで、あるいはその詩編をもって、イスラエルは極めて暴力的な神のイメージのはらむ問題に集中的に取り組み、それらの詩編の中に見られるこの神イメージを徹底的に破壊し、新たなものへと変えている。伝統的な聖書釈義の方法に従えば、この転換のプロセスは通時的に（diachron）、つまり歴史において引き継がれ、学んでいくものとして説明される。イスラエル自身が暴力の犠牲者となった壊滅的な経験がきっかけとなって神のイメージを転換するプロセスが始まったのだ、と。他方、このような詩編を共時的に（synchron）読もうとする場合、神に関する言明にいつも伴う複雑さが一つの詩編の中に反映されている、と解釈される。権力を振るわない愛の神はあたかも無力な神であるかのように、暴力を振るう者たちの暴力に無力な者たちを引き渡す他に何もできない——その結果として諦めるよう動機付けするしかない——かのように、解釈される。

　そのような神のイメージの変容の典型例は、民の嘆きの歌である詩編44編である。通時的に言えば、そのなかで二つの本文の層が区別され、それに基づいてイスラエルが歴史から学んでいった過程を追体験することができる。すなわち、イスラエルがエルサレムの破壊、独立国家としての権力の喪失、外国による支配の強制、内戦、神への疑義といった壊滅的な経験をしてもなお、バビロンの神々にどうやら屈服したかに見える一見無力な神である主から離れず、神のイスラエルへの愛に望みをかける力を失なわなかった、という体験である。

　詩編44編の基底となる層（2–9節）は、バビロン捕囚より前の時代に

作られ、神に全幅の信頼——神はかつて、イスラエルのために戦いと勝利したことによって自らが神であると証明してくださったが、今ふたたび証明してくださるに違いないという信頼——を抱いている。

主とイスラエルの関係の初めを回想することからこの詩編は始まる。

2a 節　神よ、私たちは私たちの耳で聞きました、

2b 節　私たちの先祖たちが私たちに物語りました。

2c 節　あなたは一つの働きを彼らの日々のなかで行われました、

2d/3a 節 そもそもの初めの日々に、あなたが、そうですあなたが、あなたの手をもって。

3b 節　あなたは諸民族を壊滅させましたが、しかし彼らを植えられました、

3c 節　あなたは諸国を打ち砕かれましたが、しかし彼らを増え広がらせました。

4a 節　そうです、彼らの剣によらずに、彼らはその土地を手に入れました、

4b 節　そして彼らの腕が彼らに救いをもたらしたのではありません、

4c 節　そうではなくあなたの右の手とあなたの腕でした

4d 節　そしてあなたの顔の光でした。なぜならあなたは彼らに好意を持っておられたからです。

イスラエルがカナンの地に始まったときのことが、ひどく恐ろしいイメージで描かれる。イスラエルの神がみずからの手であたかも森の木々をなぎ倒し裸の地とするように、カナンの地を裸にしてイスラエルを新たな植物としてそこに植え、大いに繁栄させた（詩編 80:9–12 も参照してほしい）。この追想（Anamnese）がそれに続く願いの根拠となる。

5a 節　あなたは、そうです、あなたは神です、私の王よ。

5b 節　ヤコブの救いを命じてください！

詩編44編　暴力の神というイメージの変貌

6a 節	あなたと共に、私たちは、私たちを苦しめる者たちを打ち倒します、
6b 節	あなたの名をもって、私たちは、私たちに逆らう者たちを踏みつぶします。
7a 節	そうです、私の弓に私は信頼しません、
7b 節	そして私の剣は、私に救いをもたらしません。
8a 節	そうです、あなたが私たちを、私たちを苦しめる者たちから救われました、
8b 節	そして私たちを憎む者たちに、あなたは赤恥をかかせられました。

　この詩編の歌い手たちは、超人ならぬ「超神」の助けによって、そしてその力によって、雄牛がその角で突き倒すように、自分たちを苦しめる敵たちを地に打ち倒し、その足で踏みにじることを望んでいる（申命記33:17、王上 22:11、エゼキエル 34:21、そして特に詩編 60:14 を参照してほしい）。そして結びの賛美の誓いをもって歌い手たちは、彼らの神に次のことを思い出させる。すなわち願いの成就は神が神であることにも懸かっている、ということである。

9a 節	私たちはあなたをいつも神として讃えてきました、
9b 節	そして私たちはあなたの名を時の終わりまで賛美するつもりです。

　私たちが知っているとおり、歴史上、紀元前 7 世紀の終わり頃イスラエルがその神に一途に願ったこの祈りは成就しなかった。それは偉大な改革者であったヨシヤ王がエジプトに応戦する際エジプトの手によって殺害された（王下 23:29）ことが示している。だが何よりも、イスラエルが敵にしようと望んだことがイスラエル自身に降りかかった。つまり、紀元前 583 年の破滅（エルサレム陥落）により、アイデンティティーの危機と信

135

仰の危機を招いたのであった。その危機のなかでイスラエルが知るに至っ
たのは、民とその神である主との間の歴史において、神が常に力ある業を
行うとは限らないこと、ましてや、「諸国民」を滅ぼすことによって自ら
が神であることを証明するとは限らないことであった。少なくともバビロ
ン捕囚の危機によってもたらされたこの洞察が詩編44編の捕囚期前の基
底層を拡張し、新しい詩編に作り直したのである。詩編の歌い手たちがこ
の神学的打開を達成できたのは、彼らがこの破滅という現実に立ち向かっ
たからであり、他方で、自分たちにとって理解できないものとなった神か
ら離れず耐え抜こうとしたからである。

　この詩編の歌い手たちは冷静に歴史を総括する。彼らは力ある神を賛美
するとしても、次のような経験をしなければならなかったのだ。

　10a 節　それなのにあなたは私たちを追放し、辱めを加えられました！
　10b 節　あなたは（あきらかに）私たちの軍勢と共に戦いには出てくだ
　　　　　さいませんでした。

これこそが、半世紀前に預言者イザヤが絶えず繰り返し告げたが無駄に
終わったことを認識するという経験、すなわち、主は戦いの神ではなく、
権力に頼ることはすべて偶像崇拝であるということを認識する経験である。
今やイスラエルはこの真理を、一つの苦渋に満ちたプロセスを経て学ばね
ばならない。

　11a 節　あなたは私たちを、私たちを苦しめる者の前から後退させ、
　11b 節　そして私たちを憎む者たちが私たちから略奪しました、
　12a 節　あなたは羊を食用にするように私たちを犠牲にし
　12b 節　そして諸民族の間にあなたは私たちを散らされました、
　13a 節　あなたはあなたの民を無償で売り払い
　13b 節　そしてあなたは彼らを高値で売る配慮をなさいませんでした、
　14a 節　あなたは私たちを私たちの隣人たちにとって嘲りの的にし、

詩編44編　暴力の神というイメージの変貌

14b 節　私たちの周囲に住む者たちにとって笑いもの、愚弄とし、

15a 節　あなたは私たちを愚弄の歌とし、

15b 節　諸国の間で頭を振ることとなさいました。

16a 節　絶えず私の辱めは私の現前にあり

16b 節　赤恥は私の顔を覆います、

17a 節　嘲り悪口を言う声の前で、

17b 節　敵たちと復讐を狙う者たちの顔の前で。

　詩編本文は非常に鋭い表現を用いる。私たちの神よ、あなたはこんなことをなさいましたしこれからもずっとそうなさいます、と。矛盾のすべては13節で頂点に達する。すなわち神は自分自身の（そして唯一の）民をばかげた値段で簡単に売り飛ばしてしまった。この「取引き」で何らの利益をも得ようとしなかった。神にとって民はもはや価値のないものになってしまったのだろうか。神自身どうでもよいと思っているのだろうか。自分の羊をそんなにまで手間暇かけて育て上げておきながら、人間や野獣の餌食にするために売り飛ばすような羊飼いがいるだろうか（詩編 23:1、80:2 を参照してほしい）。

　それでもなおこの詩編の祈り手たちは嘆きや嘆願にひきこもることはしない。次の部分（18–23 節）でこの危機のより深い原因を探る。申命記的歴史家[26]に特徴的な罪と罰の神学を受容することもしない。その眼差しは過去にのみ注がれるのではない。祈り手たちにとって破滅はむしろ現実の挑戦であり、その挑戦に立ち向かおうとしている。

18a 節　これらすべてが私たちの上に降りかかりました。それでも私たちはあなたを忘れませんでした、

18b 節　そして私たちはあなたの契約を否定しませんでした、

26　（訳注）M. ノートの仮説。ヨシュア記、士師記、サムエル記上下、列王記上下は、申命記の影響を強く受けた著者による一連の歴史文学とする。バビロン捕囚は歴代の王たちが神の掟に背いた罰であって、神の正義を証明するという神学に基づいている。

19a 節　私たちの心は後ろに逸れることはありません、
19b 節　そして私たちの歩みはあなたの小路から外れることはありません、
20a 節　たとえあなたが私たちをジャッカルの場所で打ち砕かれたとしても
20b 節　そして私たちを死の闇で覆うとしても。

　祈り手たちは自分たちの神にしっかりとつながることを望んでいる。しかもすべての思い（19a 節）と行い（19b 節）をもって、文字通り荒れ野（20a 節の「ジャッカルの場所」）のような状況にあっても、神が彼らの上に覆い被せた神不在という闇（20b 節）の状況にあっても。そして彼らはイスラエルの民の存続に関して、最も深く、また同時に最も苦渋に満ちた言葉の一つへと突き進む。

21a 節　もしも私たちが私たちの神の名を忘れたことがあったとしたら
21b 節　そして私たちの手が見知らぬ神に向けて開かれたことがあったとしたら——、
22a 節　神がこれを徹底的に究明しなかったであろうか、
22b 節　神が心の秘密を知っておられるというのに。
23a 節　そうです。あなたのゆえに私たちは常に殺害されています
23b 節　そして私たちは屠られる羊のようにみなされています。

　イスラエルはまさしく預言者の熱意をもってその国家のアイデンティティーを神との契約の中に探し求めた結果、屠られる家畜となった（同様の表現は詩編 69:8、エレミヤ 15:15、イザヤ 53:7 を参照してほしい）。主は、イスラエルを自分の民として選ぶことによって自らが神であることを啓示しようとしたので、イスラエルは苦しまなければならない。主が権力を振るう者たちや勝者たちの側ではなく、弱い者たちや苦しむ者たちの側に立つということを、イスラエルはその身をもって体験しなければならない。イ

スラエルは、苦しみに耐え、主を忘れないという決意を貫こうとし、それどころか神のために苦しもうとする。この決意においてイスラエルは、捕囚期以前の時代の詩編とは異なった新しい神の真理の証しとなろうとしているし、そうなることができるとこの詩編は見ているのである。要するに、まさにこのような状況のなかで神の民は、苦難が意味するのは、神が遠く離れたことではなく、特別に神が近くに居られることなのだ、という確信を必要としていた。それゆえこの詩編は結びの部分で、神が好意的に見てくださり、受け入れてくださるという経験を求めて、とてつもなく強い言葉で、叫び、嘆く。

24a 節　目覚めてください。なぜ眠っておられるのか、主よ？
24b 節　起きてください。私たちをいつまでも捨て去らないでください！
25a 節　なぜあなたはあなたの顔を隠されるのですか、
25b 節　私たちの圧迫と私たちの苦境を忘れたのですか？
26a 節　そうです、私たちのたましいは塵の中に沈んでしまいました、
26b 節　私たちの体は地面にはりつきます。
27a 節　どうか立ち上がってください。私たちを助けるために、
27b 節　そしてあなたの善のために、私たちを解放してください！

　この詩編は、異国による支配からの解放としてまた死の危険からの解放として、エジプト脱出の出来事をほのめかすことによって、主とその民の間の断絶関係を終わらせるように祈り求める。その叫びはもはや全能の神を探し求めての叫びではなく、慈悲深い神を探し求めての叫びである。その叫びは「なぜ」、「何のために」と問う熱心な問いから始まる叫びであり、無意味さと苦しみという夜の中にも現存する神の近さを探し求める叫びである。この叫びはイスラエルの始まりからの根源的関わりに基づくものであり、それが嘆きと願いとしてここに再び姿を表すのである。すなわち主が、エジプト脱出の神、苦しみを知り苦しみを共に味わう神としてご自身

139

を示してくださいますように、という嘆きと願いである。「なぜあなたは
あなたの顔を隠されるのですか」という激烈な問いは、それが示唆するあ
の真の問いに属するものである。なぜならこの問いは、苦しむ者たちと神
との間の決して断ち切られることのない関わりから発せられるからである。
つまり歌い手は、出エジプト記 3:14 が意味深くもしっかりと保持するあ
の約束、つまり——他の諸民族の神々があるのとは異なるあり方、またイ
スラエルがしばしば繰り返し求めるのとは異なるあり方であるとしても
——「私はある、そして私はあるだろう」という約束に自らを委ねている
からこそ、この問いを発するからである。

詩編109編　彼らは理由もなく私に挑みかかる——私は祈りとなる

1a 節　　歌隊指揮者に。ダビデの詩編。

1b 節　　私の賛美の神よ、黙らないでください！

2a 節　　なぜなら邪悪さの口と欺瞞の口が私に対して開かれたから、

2b 節　　彼らは私に対して虚言の唇をもって語る、

3a 節　　そうです、憎しみの言葉たちが私を取り囲み

3b 節　　そして彼らは理由もなく私に挑みかかります。

4a 節　　私の愛に彼らは敵意で応じる

4b 節　　——しかし私は祈りだ！

5a 節　　彼らは私に善に対し悪をもって報復する、

5b 節　　憎しみをもって私の愛に対し。

6a 節　　（彼らは言う）「一人の邪悪な者を彼に対して任命せよ、

6b 節　　そして一人の反対する者が彼の右に立つように。」

7a 節　　裁判の場から彼は公の邪悪な者として出て行くように、

7b 節　　そして彼の祈りは罪だと暴露されるように。

8a 節　　彼の日々は短くなるように

8b 節　　そして彼の役割は他の一人が受け継ぐように！

140

9a 節	彼の子どもたちは孤児となるように
9b 節	そして彼の妻は寡婦となるように。
10a 節	彼の子どもたちは不安定にさ迷うように、そして人に物を乞わなければならなくなるように、
10b 節	彼らは彼らの廃墟から追放されるように！
11a 節	彼の貸し主は彼の財産を引きはがして自分のものとするように、
11b 節	そして異国の者が彼の所有物を略奪するように。
12a 節	彼に善意と忠実を保った者が一人もいないように、
12b 節	そして彼の孤児を抱擁する者が一人もいないように。
13a 節	彼の子孫は途絶えるように、
13b 節	直後の世代においてもきっと、彼の名が消し去られるように！
14a 節	彼の父たちの負い目は主によって彼に付けが回されるように、
14b 節	そして彼の母たちの罪は消し去られることがないように。
15a 節	（すなわち）それらは主の前に伝えられ現にとどまるように、
15b 節	そして彼らの記憶は地から消滅させられるように！
16a 節	なぜなら彼は善と忠実を行うことを決して考えなかったから、
16b 節	彼は貧しく惨めな者たちを迫害したから、
16c 節	そして打ち倒された者たちを彼は殺すことを望んだからだ！
17a 節	彼は呪いを愛した──それが彼に降りかかるように！
17b 節	彼は祝福に好意を示さなかった──それが彼から遠くにとどまるように！
18a 節	彼は呪いを彼の衣服のように身につけた、
18b 節	それは水のように彼の腹の中に染みこんだ
18c 節	そして油のように彼の骨の中に。
19a 節	（すなわち）それは彼にとって、彼を包む着物と、
19b 節	そして彼をずっと締める帯となりますように。」
20a 節	これが、私に反対する者たちが私のために主から願うことです、
20b 節	彼らは私のたましいに反対して悪を語ります。
21a 節	しかしあなたは、主よ、アドナイよ、

21b 節	あなたの名にふさわしく、私に行ってください。
21c 節	しかしあなたの善は良い――私を救ってください！
22a 節	なぜなら私は貧しく惨めです
22b 節	そして私の心は私の腹のなかで震えています。
23a 節	傾く影のように、私は過ぎ去ります、
23b 節	私は払い落とされます、バッタのように。
24a 節	私の膝は折れます、なぜなら私はもう何も食べないから、
24b 節	そして私の体の脂肪は消えてしまいました。
25a 節	そうです、私は彼らにとって嘲笑となりました、
25b 節	彼らは私を見て、軽蔑しつつ彼らの頭を振ります。
26a 節	それでも私を助けてください、主よ、私の神よ、
26b 節	それでも私を救ってください、あなたの善にふさわしく、
27a 節	彼らが認識しますように、そのようなことはあなたの手、
27b 節	あなたが、主よ、それを行われたということを。
28a 節	かの者たちが呪おうとしても――あなた、あなたは祝福なさいます、
28b 節	私の敵たちは恥じなければならなくなりますように、他方、あなたのしもべはあなたを喜べますように。
29a 節	私に反対する者たちは恥辱で覆われますように、
29b 節	彼らはマントで覆うように恥で身を覆わねばならなくなりますように。
30a 節	私は主を大声で、私の口をもって、賛美しよう
30b 節	そして多くの人々の真ん中で私は彼を讃えよう、
31a 節	なぜなら彼は貧しい者の右に立たれるから、
31b 節	彼のたましいを滅ぼそうと望む者たちから彼を救うために！

　この詩編もまた『教会の祈り』の改革者たちによる刈り込み鋏の犠牲となって、全体が削除された。教会の典礼執行者たち（司祭たち）が何世紀にもわたってこの詩編を濫用してきたことを考えるなら、「やれやれ、そ

れはよかった」〔ドイツ語で「神に感謝」〕と言う人もいるかもしれない。

　私はそこに二重の濫用を見る。一つの濫用は、この詩編をユダヤ人差別のために使用したという点である。これは実際、すでに新約聖書から始まる。ただでさえイスカリオテのユダは反ユダヤ論争において恰好の人物とされたのだが、さらに詩編109編の8b節にある「予言」が「成就した」と新約聖書が述べたために、ますます罪深い呪われた人物とされる。

　そのころ、ペトロは兄弟たちの中に立って言った。百二十人ほどの人々が一つになっていた。「兄弟たち、イエスを捕らえた者たちの手引きをしたあのユダについては、聖霊がダビデの口を通して預言しています。この聖書の言葉は、実現しなければならなかったのです。ユダはわたしたちの仲間の一人であり、同じ任務を割り当てられていました。ところで、このユダは不正を働いて得た報酬で土地を買ったのですが、その地面にまっさかさまに落ちて、体が真ん中から裂け、はらわたがみな出てしまいました。このことはエルサレムに住むすべての人に知れ渡り、その土地は彼らの言葉で『アケルダマ』、つまり、『血の土地』と呼ばれるようになりました。詩編にはこう書いてあります。『その住まいは荒れ果てよ、そこに住む者はいなくなれ』（詩編 69:26）。また、『その務めは、ほかの人が引き受けるがよい』（詩編 109:8）」（使徒 1:15–20）。

　ルカの著作のなかで、ペトロがこのように詩編109編に書かれていることをイスカリオテのユダに当てはめたために、熱心な教会指導者の中の多くがこれに倣った。そしてこの詩編全体がユダに結びつけて読まれたため（とくにアタナシウスとアウグスティヌス）、この詩編は「イスカリオテの詩編」（Psalmus Ischarioticus）という呼称までも得ることとなった。すでにかなり初期の時代から「ユダ」は「ユダヤ人」の原型（Prototyp）となった。その結果、ユダヤ人は詩編109編にあるダビデの預言の名の下に呪われ、断罪された。また、人々はユダヤ人迫害（Judenpogromen）を神が公認している根拠として詩編109編を「祈って」きた。

3章　復讐の詩編自体に目を向ける

　もう一つの濫用は、ある意味でキリスト教の兄弟姉妹のなかにも残って
いるものである。つまり、敵と見なすだけのものであれ現実の敵であれ、
それらに対する「死の祈り」（Totbeten）としてこの詩編が濫用された。
それと同様に民間信仰に基づく儀式でも（もちろんかなりの高額の報酬を払
って）、存命中の人間の「死者ミサ」を挙行して、神の助けにより魔術的
秘跡の力を使って人を彼岸に追いやろうとすることが行われたが、その際
に聖書が、また特別の場合にいくつかの詩編が魔術の手段として使用され
たこともあった。伝承されているいくつもの手写本では、どの状況にはど
の詩編を使用するべきかが事細かに指示されている。詩編 109 編を使っ
た「死の祈り」がどれほど広く行われていたのかは、1783 年にヘルムシ
ュテット（Helmstedt）大学——この大学は 1735 年にゲッティンゲン大学
が近隣に設立されたために閉学を余儀なくされた——に、フリードリヒ・
ハイネ（Friedrich Heine）が提出した博士論文から知ることができる。そ
こでは次のようなことも書かれてある。

　　福音の光があらゆる目を射貫いている現代に、次のことがあるのは非常
　　に嘆かわしい。すなわちそのような迷信にどっぷりと浸かっている人
　　間がいるということだ。（中略）たいていの人がこう信じている。この
　　詩編を 1 年と 9 日の間、朝から晩まで間断なく唱えなければならない。
　　だがこの呪いを一日でも止めるなら、呪いは敵の頭に当たるのではなく、
　　祈っている本人に振りかかってしまう、と。詩編を唱えていることを敵
　　に知られてはならない。また、道で会っても挨拶してはならないし、敵
　　から挨拶されてもそれに答えてはならない。——このようなばかげた異
　　教徒的な迷信に満ちた習慣が広まっている[27]。

　ハイネはマグデブルク（Magdeburg）の一人の聖職者についても報告し
ている。市議会に対して鬱憤を抱いていたその人は、説教をいちいち詩編

27　W. Dürig, Die Verwendung 77 から引用。

109 編で始め、それで閉じたということである。市当局は彼にとって憎む
べき存在だったのだ。このような不適切な行為を止めるように言われたと
き、彼は、この詩編をさらに「現状に合わせて」（呪いの節を）どんどん増
やしてやる、と脅し返した。キリスト者が詩編 109 編をこのように濫用
してきたことは、ルターの著作や（ルターまでもがこの詩編を使ってモーリ
ッツ公爵の死を祈るよう呼びかけているほどだ）、カルヴァンの著作から知る
ことができる。カルヴァンは詩編 109:6 の注解として次のように記してい
る。

それだけにまた、修道士たち、ことにフランチェスコ会士がこの詩篇を
冒瀆するとき、それはいっそうのこと憎むべき瀆神行為となるであろう。
もしもだれかが、その破滅を願い求めて止まないような宿敵を持つとき、
こうした悪党のひとりを雇い、来る日も来る日もこの詩篇を唱えさせる、
というのが慣わしとなっている。わたしはフランスのある婦人を知って
いるが、彼女はフランチェスコ修道会士を雇い、そのただひとりの子供
を、この詩篇の言葉によって呪詛させたものである [28]。

詩編 109 編を使って敵を「呪詛する」という習慣は、バイエルンやシ
ュヴァーベンそしてスイスで 19 世紀に至るまで続いていたことが記録に
残っている。一方で、そのような濫用がこの詩編にある誤って理解された
多くの表現が「フック（掛け釘）」（「トリガー」ではない）となっているこ
とは、この詩編を祈るべきか、祈るとしたらどうするべきかという問いに
答えようとするときに併せて考えなくてはならない。他方で、「呪詛」と
して濫用することは同じ詩編の他の多くの表現と対立しているばかりでな
く、そもそもこの詩編の全体としての意味とも対立していることを見過ご
すことはできない。

28　ラテン語原文は W. Dürig, Die Verwendung 76 Anm. 17 による。和訳はカルヴァ
ン著、出村彰訳『詩篇　Ⅳ』カルヴァン旧約聖書註解（シリーズ）、新教出版社、1974
年、25 頁より引用。

3章　復讐の詩編自体に目を向ける

　この詩編に取り組もうとすれば、何よりも先にその全体としての意味が
重要である。「ユダヤ人の」詩編を一つの色眼鏡で見て、その中に「キリ
スト教に劣る」表現を探し見つけようとする者は、詩編 109 編に対して
も同様のことをするだろう。W. シュテルク（W. Stärk）は『旧約聖書の諸
文書』という叢書のなかで詩編 109 編を次のように断じている。

　　この詩編の中心部分、つまり 6–20 節を抹消できたとすれば、最も優美
　　な嘆願の祈り——人間全体（「体と霊」Leib und Seele）の苦しみから発
　　して神へと立ち上っていく、正真正銘の信仰心による嘆願の祈り——に
　　なったはずである。しかし信心深い祈り手の祈りは、中心部分の節で迫
　　害者にぶつけられている残酷さに満ちた呪いによって、非道徳的な復讐
　　へと成り下がってしまう。だがこの部分が詩編に色彩を与える。これは
　　真正な呪いの詩編であり、他のものであろうとするつもりもない。それ
　　を受け入れることが、旧約聖書の宗教が生んだ詩において最も不愉快と
　　される証言を良心的にそして学問的に説明するときの義務である。しか
　　し次のように主張するのは、災いをもたらすごまかしである。すなわち、
　　「そのような呪いはなるほど新約聖書の精神からのものではないにして
　　も、道徳的価値や霊的力がないわけではない、なぜなら神に結ばれた人
　　の呪いと祝福と同様に、この詩編にも神からの力があるからだ」、と主
　　張したり、「6 節以下の部分は本来、信心深い祈り手を苦しめる者たち
　　が祈り手に向けてぶつけた呪いである」と主張したりすることはごまか
　　しである[29]。

　このように、W. シュテルクは一つの説明の試み、つまり 6–19 節は詩
編 109 編の祈り手に向けて投げつけられた呪いと威嚇の言葉を引用した
ものであると説明するのはふさわしくないと考えている。アルフォンス・
ダイスラー（Alfons Deissler）もまたそのような説明を試みることはふさ

29　W. Stärk, Lyrik (Psalmen, Hoheslied und Verwandtes), Göttingen 1911, 196.

146

わしくないと考え、その詩編注解書のなかで、おびただしい数の理由を挙げて詩編 109 編を使わない方がよいと言っている。

この詩編はいわゆる「呪いの詩編」という不愉快な詩編の典型的実例である。（中略）敵をも愛せよという、旧い契約にある正義と憐れみの教えをその最大限の高みまで引き上げたイエスの言葉、そしてそれに応じて十字架上で示された模範は、詩編 109 編を文字通りの意味ではキリスト者の祈りとして使うことを許さない。ローマ 12:17-21 がそのことに異を唱えていることも明白である。6-20 節を「罪とサタンの拒絶」（『成人の洗礼式文』参照）という意味に翻案することも難しい。それゆえ、キリスト者が用いる詩編の祈りの書（Psalterium）から削除するのが最善であろう。ペトロが 8 節をユダに当てはめたことは（使徒 1:20）、〔キリスト者がこの詩編を祈りとして〕用いていたことの指標とはならない。（中略）それら〔呪いの部分〕とは異なっているのは、嘆きと願い、そして祈りが必ず聞き入れられるという確信の告白が表明されている部分（1-5 節、21-31 節）である。これらは、人類の歴史のなかで偽って有罪とされたすべての人々のなかで最も罪なき者であったイエスの口に上る言葉としてもふさわしい。永遠の命を生き、そして憎まれる者（ヨハネ 15:18 以下参照）としての新しい契約による神の民にして初めてこれらの言葉をふさわしく祈ることができる[30]。

人間論からではなく聖書釈義からの根拠に基づいて私自身は次の考えを支持する。すなわち、「引用仮説」によってこそ 6-19 節に纏められているような事実上感情を逆なでする一連の呪いを適切に説明できる、という考えだ。6-19 節でこの詩編の祈り手は、敵が祈り手自身に向かって投げつける滅びを願う言葉を、非常に詳しく引用する。それがこの詩編の祈りのダイナミズムにおいて二重の機能を担う。一方で、これらの言葉によっ

---

30 A. Deissler, Die Psalmen. III. Teil (Ps 90–150), Düsseldorf 1965, 89 f.

て、祈り手が出口の見えない絶望の状況にあり無力であることが、まざまざと劇的に表現される。敵が祈り手に投げかける言葉は心理的そして社会的な恐怖をエスカレートさせ、祈り手はあたかも毒ガスで殺されるかのような状況にいる。祈り手が敵の言葉をそのまま引用して神に差し出すのは、危機的状況を証明するため、また、敵たちのこの行為を主が「その名にふさわしく」(21節参照) 終わらせてくださる他に救いはないということを証明するためであろう。他方で、敵が発する、人を人とも思わず神を侮辱するこのような言葉は、祈り手自身の言葉である 1–5 節、21–31 節に対して文学的・神学的にコントラストを形成する。これこそ申し分のない芸術であって、二つの世界がここに並置される。これこそ政治的な詩であり祈りである (これに関しては以下の 4 章の「詩的な祈り」、172 頁以下を参照してほしい)。

　「引用仮説」を支持する根拠はとりわけ以下の観点や考察によるものであり、それらをまとめてみれば相当の説得力を得る。

　(1) 祈り手の敵が呪うないし罵りの言葉を発するということが 28a 節に明示的に表現されている。

　(2) 祈り手の復讐の望みが 28b–29 節に言い表されていることには議論の余地がない。それらは 6–19 節にまとめられた復讐の望みに比べればまったく無害なものであり、そこに意図されている復讐とは敵たちの暴力の網が突然破れること、つまり、敵たちが「暴露され」、自身の卑劣な行いのゆえに恥じ入らねばならなくなることである。二つの「呪いの章句」の間にある言葉上の、そしてモチーフ上の相違は、むしろここでは詩的な演劇作法の意味で異なる話者が語っていることにより生じる相違だ、と説明することができる。

　(3) 1–5 節と 21–31 節で、祈り手は常にある敵の集団に直面している (敵は複数形で表現されている)。それとは異なり、6–19 節に出る殲滅の願望は一個人に向けられている (単数形で表現)。1–5 節と 21–31 節では祈り手がその敵たちについて嘆いているが、6–19 節はまさに敵たちがこの詩編の (ひとりの) 祈り手に向けて投げかける言葉である、と説明するの

が最もふさわしい。

(4) 嘆きの詩編あるいは願いの詩編で、敵たちや邪悪な者たちの発言を字義通りに引用し、彼らの傲慢さや残酷さをまざまざと表現している例は多数ある（詩編 3:3、10:4, 6, 11, 13、12:5、13:5、14:1 他を参照してほしい）。

(5) 発言の引用を表す定型表現がこの詩編に欠けているとしても（ただし本書の翻訳では発言の引用記号を付しておいた）、それが「引用仮説」を否定する理由にはならない。いくつかの詩編ではしばしば導入の定型表現を伴わずに発言が直接引用されていることに議論の余地はない（例えば、詩編 2:3、14:4、22:9、28:7、30:10–11、32:8、46:11、50:7）。

(6) 20 節は一種のコロフォン（奥付）であって、敵対者たちの発言である 6–19 節の要約であり、また、21 節以下の祈り手による助けを求める叫びの部分への橋渡しとなっている。もしも 6–19 節を、敵に向けて投げかける祈り手の言葉として読むべきだとすれば、21 節に始まる新たな嘆きとはまったくちぐはぐなものとなってしまう。

しかし何よりもこの詩編の構成全体が「引用仮説」を肯定している。この詩編は、端的に迫害され敵視されている者として描かれる一人の人間が助けを求める叫びである。祈り手は罪もないのに死をもって脅かされ、誰からも保護されない犠牲者となっており、この状況はいくつもの次元から展開される（それをもとにこの詩編の生成プロセスを把握できるかどうかについては議論の余地を残しておこう）。すなわち、公の場で誹謗され、敵意に満ちた脅しをかけられ、腐敗した司法当局によって裁判の過程に引っ張り込まれ、裕福な者や権力者たちによって社会的経済的に葬り去られるのである。祈り手はこれらすべてを彼自身とその家族を破滅させようと企む者たちの虚言と憎しみと受け止める。このような極度の危機にあっても祈り手は敵たちと同じ手段で反撃するつもりはないし、そうすることもできない。彼は善と祝福の神に訴えかける。どうか救い出してください、と。敵たちは理由もなく祈り手に戦いを挑むが、しかし彼はレビ記 19 章から求められる愛を敵たちに実行している（5 節はレビ 19:17–18 を思い起こさせる）。祈り手はその叫びによって、暴力の悪循環（Teufelskreis）を断ち切る。

149

「私の愛に彼らは敵意で応じる——しかし私は祈りだ！」——この祈りは詩編109編の祈りそのものである。この祈りをもって彼は主に願う、「貧しい者の右に立って」（31a節）くださるように、と。それは彼を救い出すため、また主がかつてご自身を啓示されたとおりの方であることを公に示すためである。すなわち神は、エジプト脱出の神である主だということを。この詩編がキリスト者の祈りではないなどと、どうして言えようか。

4章　敵に関する詩編・復讐の詩編の解釈

　これから述べようとするのは、理解しがたく、かつ実際に感情を逆なでする敵に関する詩編あるいは復讐の詩編に対して聖書原理主義者がするような弁護——「神の言葉」であり「啓示」である以上は何が何でもそのまま保たなければならないという弁護——ではない。むしろこれらの詩編は、従来特段省察されることもなく言われてきた、聖書は「神の言葉」であるから信仰の従順において受け入れなければならない、というような言い方の根拠を探り、厳密に分析することを促す。このような詩編を解釈するにあたって、その本文が引き起こす不快感に触れずに通り過ぎるような、都合良く考えられた護教論を展開するつもりもない。さらには、詩編の本文とその中に表明されている神学や人間論を、教会での祈りや個人的な祈りの中心に据えようというのでもない。

　重要なのは、これらの詩編に対する誤解を取り除くために、これらの詩編が生まれてきた神学的地平を描き出す、ということである。その誤解とは、私たちがこれらの詩編をあまりにも私たちの感覚で受け止めてしまうとき、あるいはあまりにキリスト教の伝統を受け売りするだけの似非神学的な型にはまった考え方から判断してしまうときに、私たちの側に生じる。もう一つ重要なのは、これらの詩編を聖書的人間の真正な祈りとして理解できるようにすることである。それによってこれらの詩編が私たちのキリスト教的な祈りの文化を問い直すのみならず、真に豊

151

かにすることがわかるだろう。具体的に意味するところは、本書の最終章 5 章で説明する。

「生者と死者を裁くために……」

私たちが神について語る最も重要な文とは、これである。すなわち、「世界と歴史は彼のもの」、そして「彼が——歴史の裁き手として——歴史を最終的に決定する」。だが同時に、この文こそが最も多くの誤解を生んできたし、今もなお生み続けている元凶でもあろう。その誤解とは、キリスト論的に狭く（キリスト教の信条にある「彼は全能の父である神の右の座に着き、生者と死者を裁くためにそこから来る」のような）、あるいはより一層神中心的に受け止めるという誤解である。そしてさらにこのような誤解が、裁き手であり「復讐者」である神という聖書的な表現をふさわしく理解するのを妨げることにもなる。終末の裁きについての信仰箇条（Glaubensartikel）が曲解されて、そのカリカチュアが最後の審判の多くの絵画やキリスト教の祈りに記されることとなった。その構造的な残忍さは、聖書の詩編の暴力についての見方をはるかに上回る。

キリスト教にある伝統的なこの誤解を、ヨーゼフ・ラッツィンガー（Joseph Ratzinger）がその著書『キリスト教入門』で鋭く指摘している。

審判についての信仰箇条がキリスト教の意識のなかで時の経過と共に一つの実践形態を発展させてきたということに議論の余地はない。つまり、救済信仰と恩恵の約束が実践において事実上破壊されてしまっているのである。その例としてしばしば指摘されるのは、「マラナタ」（Maranatha）と「ディエス・イレ」（Dies Irae）との深刻な対立である。初期キリスト教は、「主よ、来てください」（「マラナタ」）と祈り、呼びかけ、イエスと出会えることをまったき希望と喜びの出来事として解釈し、イエスの再臨を憧れつつ、そのときを偉大な成就の時として待

っていた。それとは異なり、中世のキリスト者にとってそのときは恐怖を引き起こす「怒りの日」（ディエス・イレ）と思われた。その日には、人は苦痛と恐怖の内にはかなく消え去る。その日を思い浮かべると不安と絶望を感じる。キリストの再臨はもはや裁き、すべての人間を脅かす総決算の日でしかない。そのような見方では決定的に重要なことが忘れられている。キリスト教は事実上倫理主義に低められ、キリスト教にとって最も本質的な生の表現である希望や喜びの息吹が奪われる[1]。

神の裁きの使信をこのように歪曲すること、つまり、似非キリスト教的な地獄の恐怖を植え付けたり地獄をあれこれ想像して、人をサディスティックあるいはマゾヒスティックに破壊するということは、今日もなおカトリック権威者の中の原理主義者グループや「ファティマのマリア黙示思想」[2]のなかで生き続け、人々を不安にさせノイローゼに罹らせている。だがキリスト者一般にもその影響が（しばしば意識されることなく）及んでおり、そのことが、神の裁きを歌う詩編や神の裁きを求める叫びの詩編を敬遠しあるいは偏見を持つ原因となっている。そもそも神の裁きとは正義の回復、とりわけ不正に苦しめられている人々のための正義の裁きであり、この裁きによってすべては「正しい在り方」へと回復され、悪を行う者たちさえもが自らの不正義を正視して回心し、正義を尊重するに至る。しかし神の裁きについてのこうした見方を、私たちはキリスト者の意識から追いやってしまった。そのために、敵に関する詩編そして復讐の詩編にある裁きという展望を公正と正義を求める叫びとして受け止め、不正を運命として諦め（運命論）たり、あるいは過激な暴力に頼

1　J. Ratzinger, Einführung in das Christentum, München 1968, 271.

2　（訳注）ポルトガルのファティマで 1917 年に聖母マリアが 3 人の子供に姿を現しメッセージを伝えたとされ、ローマ・カトリック教会はこれを公認している。そのメッセージには死後の地獄、世界大戦の危機、回心への呼びかけという黙示文学的要素が色濃く見られる。

る（熱狂主義）似非宗教に対抗する希望のしるしとして理解し、根本的に是認することが、私たちには非常に困難になっている。裁きについての〔詩編の〕言葉の中にどれほどの希望の可能性が秘められていることか、どれほどに抵抗する力をもたらすことか、人間に固有の尊厳が踏みにじられている場においてもなおその抵抗力をしっかりと保っていることか。そのことをヴュルツブルクでのドイツ司教会議（Würzburger Synode. 1971–75 年）が公にしたあの偉大な「希望の信仰告白」（Hoffnungsbekenntnis）に次のように記されている——これもまた残念ながら忘却の彼方に沈んでしまったのだが……。

死者の復活という私たちの希望は、終わりの時の神の裁きへの希望、つまり人の子が再び来るときに神が私たちの世界とその歴史とを裁くというキリスト教的希望と深く結びついている。しかし神の裁きという使信は私たちの希望を表現するものになっているだろうか。確かに、それは私たちに固有の進歩の夢や調和の夢——そのような夢に私たちは救いのイメージを好んで結びつける——にそぐわない。しかし同時に、そこには私たちのキリスト教的使信にある希望に満ちた考え方が表現されている。すなわち、すべての人間の平等というキリスト教に特徴的な考え方である。平等といっても人間が十把一絡げに同じという意味ではなく、すべての人間は神の前に等しくその人生の実践への責任を負うという意味での平等である。この神は不正に苦しむ人々に、決して失われることのない希望を約束する神である。このキリスト教的な平等の考え方はすべての人のための正義へとつながり、すべての人のための正義を求める歴史のなかでの戦いへの関心を麻痺させるどころか、この正義のための責任の意識を常に新たに呼び起こす。その他に私たちが神の裁きに耐え得る道があるだろうか。

もっとも、終わりの時の神の裁きという使信は人々を解放する、ということを、私たち自身がしばしば覆い隠して見えなくしてきたのではないだろうか。なぜなら私たちは裁きの使信を、小さな人々や寄る辺ない

人々には大声で強い言葉で告げておきながら、この世の力ある者たちにはしばしばあまりに小声であまりに生ぬるく告げてきたからである。しかし、とりわけ「総督や王」（マタイ 10:18 参照）の前で私たちが勇気を奮って知らせるべき希望の言葉があるとすれば、まさにこれである。その上で、神の裁きという使信の慰めの力、励ましの力が現れもする。すなわちこの使信は、正義を創造する神の力について語るものであり、私たちの正義への憧れが死の岸辺で挫折することはまったくないということ、愛のみならず正義もまた死より強いということを語る。さらにそれは正義を創造する神の力について語る。つまり、私たちの倫理判断を縛りつける死をその王座から追放する神の力、そして死はいつまでも支配しつづけることはなく、人は死の奴隷から解放されると保証する神の力について語るのである。だから神の裁きという使信は私たちに希望を抱かせる言葉ではないだろうか。私たちを解放してこの正義のために責任を担わせる重要な言葉ではないだろうか。極悪非道な不正義の状況に対して私たちを抵抗させる励ましではないだろうか。どんな不正義との妥協も私たちに禁じ、絶えず声を上げることを私たちに義務づける尺度ではないだろうか――もしも私たちが私たちに固有の希望を恥じないとすれば[3]。

裁き手として正義を貫徹し回復する神への信仰は、すでにイスラエルにおいても「邪悪な者」と「正しい者」とを分ける境界線を示していたが、それはまさに詩編の書においても見て取ることができる。「邪悪な者」は日常茶飯事のように暴力を振るい、「貧しい者と苦しむ者」を脅かし破滅させる。なぜなら彼らは、裁き手として弱い者や周辺に追いやられた者を世話する神という考えをただ笑い飛ばすからである。そのことはとりわけ、邪悪な者が口にする神を冒瀆する発言に表現されている。

3　»Unsere Hoffnung« I. 4.

邪悪な者は傲慢にも（言う）。

「彼は絶対に襲いかからない。そうだ神はいない。」

彼は心の中で言う。「神はそれを忘れてしまった。

その顔を彼は隠してしまった。それどころか彼はそれを見るつもりもない。」

なぜ邪悪な者が神を嘲笑するのか。

そうだ、彼は心の中で言う。「あなたは絶対に襲いかからない。」

（詩編 10:4, 11, 13）

愚かな者は心の中で言う。

「そうだ神はいない。」（詩編 14:1、並行詩編 53:2）

（私の敵は）言う。「神は彼を離れ去った。

彼を迫害し、捕らえよう。救う者はいない。」（詩編 71:11）

彼らは言う。「一体何を神は知っているのか。

そもそも至高者に認識があるのか。」（詩編 73:11）

　詩編における助けを求める叫びや復讐を求める祈り手の叫びは、「隣人愛」によって賢明にそして寛大に人助けをすれば解決できるような、あれやこれやの対立について言っているのではない。むしろ祈り手は不正や暴力を振るう者たちの傲慢の被害を受けて苦しみ、叫び声を上げているのである。祈り手は、悪というものの不可解さ、神が心にかける世界に悪が存在するという矛盾に苦しみつつ神と対決する。祈り手の嘆きは、自分の周りの小さな世界や自分の狭い利害を心配するような、了見の狭い不平不満とは異なる。このような詩編の熱情は、正義は実現されなければならないという根本的確信から生じるものである。それは少なくとも、すべてのものが「生きる家」として大地を創造し、地の上に「正義の太陽」を昇らせ、悪を打ち払い、死に脅かされた者に救いをもたらす神が正義を実現すると

いう確信である。詩編が裁き手としての神に向かって叫ぶなら、この地上の裁判は公正と正義を貫徹しなくてよくなる、ということにならないのは当然である。しかしこの叫びのなかに苦渋に満ちた現実が言葉となって表れる——人間の裁き手や人間が行う裁きは、十全な正義を打ち立てるにはまったく不十分であるという現実が。

　ザルツブルクの教義神学者ゴットフリート・バハル（Gottfried Bachl）は、第一のそして第二の契約において中心的な、神が裁きを行うという使信がどうして喜びの知らせ（福音）であるのかについて、非常に印象深い説明を与える。彼はまず一つの例を挙げて、裁きの意味を明らかにする。

「1998 年 3 月 8 日にドイツのテレビで一つの映画が放送された。そのなかでフランスの小さな村オラドゥール゠シュル゠グラヌ（Oradour-sur-Glane）での虐殺が再現された。SS〔ナチス親衛隊〕の部隊がフランスのレジスタンス運動に対する報復として、1944 年 6 月 10 日にこの村を完全に殲滅した。約 600 人の男女、子どもが焼き殺されたり射殺されたのであった。

この殲滅作戦を命じた将校の一人は後に DDR〔ドイツ民主共和国、旧東ドイツ〕で企業の一つの重要ポストに就き、愛に満ちた家庭の父として祖父として生き、孫たちが涙するなか静かに永眠できたはずであった。1980 年つまり虐殺から 36 年後に彼は逮捕され、告訴され、終身刑の判決を受けた。一人のレポーターが彼を訪れ、長時間のインタビューを行う許可を得た。インタビューの間彼は絶えず泣いていた。「あなたはなぜ今泣いているのですか」という質問に、彼はこう答えた。「私は今までこんなに幸せな生活を得ていたのに、こんな終わりを迎えることになったからです」。ジャーナリストは続けて質問した。「あなたは、かつてあなたが殺害した子どもたちや女性、男性に涙したことでしょうね」。彼は答えた。「いいえ」。「あなたがあの人たち一人ひとりに恐ろしい不正を行ったということを、あなたは考えたことがないのですか」。その

答えは「逮捕される前までは、考えたことはありません。すべては至極あたりまえのことでしたから。しかし今となって私はしばしばこう考えます。何かがおかしかったに違いない、私自身どうやら巻き込まれてしまっていた、すべては誤りだった、と」。

涙を流すこと、密かな後悔の兆し、そして罪を犯したという自覚そのものの兆しが現れたのは、この人が裁判によってその出来事と直面しなければならなかったとき、自分の行いの結果が自分自身の身体と人生に返ってきたときであった。今は、彼は快適な生活と自己正当化という良心を鈍らせる快適な思い込みから目覚め、自分の行為を直視できる一人の人間となり始めた。裁判が彼にこれを可能にしたのだった[4]。

一人の人間が人間による裁きに直面して起こった出来事から、私たちは「神の裁き」に直面して何が起こるのか、起こるはずなのかを読み取ることができる。しかもそれは彼岸での出来事でもなければ、歴史の終わりの時の出来事でもない。バハルが示しているように、すでに今、此岸で起こることである。

私たちの歴史の流れは正義という海にではなく、一つの問いに流れこむのである。すなわち、どこに正義は生じるのか、そもそも正義はその真の姿、そしてすべてを捉える姿をどこに現すのだろうか、という問いである。裁判は、たとえ国際人権裁判所であっても、海外ではボスニアで苦しむ人間と国内で家族の親密さを享受している人間とを互いに結びつけるために設けられたものではない。人間世界はその初めから、神の裁きを求める叫びの出来事に満ちている。そしてこの叫びに福音は、つまり喜びの知らせは、少なくとも次のような約束をもって答える。

4　G. Bachl, Das Gericht: Christ in der Gegenwart 45, 1993, 397.

すなわち、出来事の流れは、流血と犠牲、善、悪意、無罪と公正を越えて果てしなく流れゆくのではない。神は歴史の経過を停止させ、公正と不正の間にある相違に決着を付けるべきことを明らかにする。神は葬り去られた犠牲者を訪れる。放置され飢えに苦しむ子どもたち、辱められた女性たちを。そして神はまんまと逃げおおせた犯人を捜し出す。神はその善を求める聖なる永遠の意志の前にすべての者を集め、その結果すべての者はどのようにしてそれぞれの人生をもってそれに応じているかを見ることになる。

世界史の偉大な流れに対して福音が告げるのはこのことである。裁き手としての〔神の〕言葉は人間に直接語られる、と。創世記は裁きの場面で始まる。「アダム、おまえはどこにいるのか」。アダムは身を隠していたが、今や連れ出される。それに続く対話によって、隠れ家に潜んで自己弁護し自らを覆い隠すアダムの真の姿が暴露される。着物をすべて身体から脱ぎ捨てて、アダムは裸で、真の姿でそこに立つ。彼は知る。私はそういう者であり、それ以外の何者でもない、と。

人間の真の姿があらわになるような対話は、イエスにも見出される。すなわち、罪深い女との出会い（ルカ 7:36–50）、徴税人ザアカイとの出会い（ルカ 19:1–10）、そしてヤコブの井戸での女との出会い（ヨハネ 4:1–26）の場面である。これらの裁きの対話において生じた事柄を現代的に言い直せば、次のようになる。すなわち、裁きとは人間が自己自身を発見するために与えられた神の助けであり、自分は無罪だと思い込む錯覚から人を自由にし、眠りこけた良心を目覚めさせ、人生に関する虚言から解放する。この助けは神から来るのであるから、そこから逃れることはできず、必ず効果を生み、苦痛を伴うが癒しをももたらし、決定的なものであって、人間の生の終わり、つまり死の時にこれが起こる。この道を通って人間は自らの全体を獲得する。人間は真実の者、愛することができる者となり、神の完全な現れを受け入れられる者となる。

すでにこの世の生の間に、私たちがそのような助けを必要としている

と感じる機会は十分にある。そのときに私たちは助けを恐れるのではなくむしろ望むようになる。なぜならその助けによって私たちの中にある真理への渇望——この渇望はともすれば臆病さの中に埋没させられがちである——に対する答えが与えられるからである。そしてまた私たちがこう期待するから、すなわち神がこの真理を私たちに働かせ、私たちが触れないでおこうとする欲求に抵抗させることを期待するからである[5]。

これこそが、詩編が神に向かって、また神を求めて叫ぶ地平であり、私たちが前に（1章の「人の感情を逆なでし、反感を呼び起こす詩編」、17頁以下を参照してほしい）いくつかの例を示してまとめたとおりである。

主よ、復讐が彼の所有であるところの[6]神よ
復讐が彼の所有であるところの神よ、姿を現してください
起き上がってください。あなた、世の裁き手よ
報復してください。不遜な者たちに、彼らにふさわしいものを。
（詩編 94:1–2。ルター訳［原訳］）

要するにやはり「復讐の神」なのか

今引用したばかりの詩編94編は、まさにそこに言われるこの裁き手を「復讐する者」として理解しているということを示しているのではないだろうか。詩編が邪悪な者たちに投げつける殲滅の願望は、神の裁きという福音が人間の持つ復讐への欲望を宥めるよりは、かえってほしいままに解

---

5 G. Bachl, Das Gericht 397.

6 （訳注）「復讐の神」と訳すのが自然な日本語だが、著者の論旨を考慮してあえて直訳した。

き放ってしまうことの証明ではないだろうか。この詩編で神に期待され求められている敵対者に対する破壊的な暴力は、神自身の本質的な一面なのではないだろうか。実に、この詩編に表現された神への信頼は私たちの心を動かすものである。しかしそれらは復讐への願望とあまりに密接に関連しているために、攻撃性や暴力を隠れて、しかし極めて危険な形で神聖化してしまわないだろうか。両方の契約（旧約と新約）が描写する裁きに関する場面に山ほど登場する神の怒りについてのイメージは、まさに、裁きの福音の中に潜む暴力の可能性を神学的に無害化しないように警告するサインなのではないだろうか。

　これらの問いに答える試みは意味論（Semantik）から始めなければならない。そうすることで悩みの種である問題を解決できないにしても、不必要な誤解を取り除くことができる。暴力の詩編や復讐の詩編を拒絶する理由は、言葉遣いと翻訳の問題でもある（5 章「実践のための帰結」、191 頁以下を参照してほしい）。

　言葉の問題はすでに「1 章　多面的な問題」でさまざまな翻訳を提示したときに、とくに指摘はしなかったが見て取れたものである。例えば詩編94:1 ではルター訳の原訳で「復讐が彼の所有であるところの神よ、姿を現してください」とある箇所が、異なった仕方で翻訳される。

　復讐（Rache）が彼の所有であるところの神よ、姿を現してください

（原訳ルター訳）

　あなた、報復（Vergeltung）の神よ　姿を現してください（改訂ルター訳）

　懲罰たち（Ahndungen）の神よ　姿を現してください　　　（ブーバー訳）

　さらにいくつかの翻訳例を引くと、その多様性はさらに拡大する。

　あなた、復讐の行為の神よ　姿を現してください

（N. H. トゥル＝シナイ［N. H. Tur-Sinai］訳）

復讐する力よ　姿を現してください

（レオポルト・ツンツ［Leopold Zunz］）

復讐の神よ　姿を現してください（チューリッヒ聖書［Zürcher Bibel］）

　キリスト教徒による翻訳がほぼ固定しているのに対し、ユダヤ人による
三つの翻訳（ブーバー、トゥル＝シナイ、ツンツ）は言葉上かなり幅の広い
意味を持たせている点が際立っている。このことは聖書の本文の第一の特
徴を指し示していて、私たちはそれを軽率に無視などしてはならない。す
なわちこの詩編はここで複数形 neqamot を用いている（単数形は neqama）
が、この語をブーバーは「懲罰たち」と翻訳し、トゥル＝シナイとツンツ
は行為動詞をその訳にあてている。したがって神の本質を言い表す語とし
てではなく神の行為を言い表す語として翻訳されているのである（ルター
も同様に「復讐が彼の所有であるところの」という翻訳によってこのことを保
とうとしている）。

　第二の特徴はヘブライ語の意味内容に関することである。もはやこの語
を「復讐」（Rache）と翻訳してはならない。そのことは一つにはドイツ語
の「復讐」という語が持つ意味の幅（スペクトラム）から結論され、また、
ヘブライ語の単語 neqama（名詞）と naqam（動詞）がヘブライ語聖書で使
用される文脈からも結論づけられる。

　ユルゲン・エーバッハ（Jürgen Ebach）は意味論的問題を次のように記
述している。

そもそも「復讐」（Rache）とは何か

　ドイツ語大辞典『ドゥーデン（Duden）』は次のような定義を与える。
「悪しき不正として、とりわけ個人的に被害を蒙っている不正として受
け止められた行為に対する、個人的な、しばしば感情に駆られた報復
（Vergeltung）。不正、屈辱、敗北、侮辱、あるいはそれらに類したこと
への仕返し（Heimzahlen）」。『dtv 辞典（dtv-Lexikon）』の説明は異なる
点を強調する。「蒙った不正に対し自らの責任で（血の復讐を）行う報

復（Vergeltung）。そしてまた、それを狙う憎しみの感情や衝動」。この説明によれば復讐（Rache）とは感情の表現であり、実際的行為としては、法的に定められた訴訟制度の外でなされる行為を意味する。語感としては、復讐には恣意的で放縦な憎しみという意味が伴う。復讐の感情は、場合によっては理解できないわけではないにしても、一般的に反倫理的とされる。実践としての復讐は私たちの法律感覚からすれば不正であり、国家による暴力の独占とそれに結ばれた命令、すなわち法的に定められた裁判制度に従わないならいかなる懲罰（Ahndung）の行為も許されないという命令によって、蒙った不正に対する反応として合法的に許される行為のレパートリーから復讐行為が排除される。復讐の代わりに刑罰が科され、あるいは、民法上の紛争の場合には、法的に規定された賠償が科される[7]。

詩編の祈り手がその神に向かって叫ぶとき、合法的な裁判官としての神に向かって叫ぶ。それは、祈り手自身は「復讐」を放棄していることを意味する。そしてまさに、非理性的で粗暴に殴りかかる神（そのような神なら、祈り手自身も怖くて何も言えなかったはずだ）ではなく、公正をつかさどる裁判官として調べ、判断し、処罰する神、しかも処罰するにあたっては処罰の欲望からではなく、混乱させられた法秩序を立て直しそれを守るために処罰する神に向かって、祈り手は叫ぶのである。これらに共通している背景は、恣意にまかせたあるいは人目を避けてなされる復讐ではなく、合法的な裁判の権威による公開の場での介入であるということである。この裁判の権威は、法治の原則に則って決定し、公正な処罰の遂行によって、共通善が守られ促進されることを目指す。

7　J. Ebach, Der Gott des Alten Testaments – ein Gott der Rache ?, in: ders., Biblische Erinnerungen. Theologische Reden zur Zeit, Bochum 1993, 81–93.82 f.
私は多くの議論でこの論文に依拠したことを感謝する。W. Dietrich, Rache. Erwägungen zu einem alttestamentlichen Thema: EvTh 36, 1976, 450–472 も参照してほしい。

ドイツ語の「復讐」（Rache）、「復讐する」（[sich] rächen）という単語は、「法」（Recht）あるいは「訴訟を起こす」（rechten）という単語と同じ語源であるため、「復讐」にも法的意味合いがあるということにはなる。しかし、日常用いる語としても法律用語としても「復讐」という語にそのような意味があったことは忘れ去られている（例えば「復讐」として人を殺すなら、殺人罪に問われる）。ブーバーのように「懲罰」（Ahndung）という語で翻訳することによってこの意味論的問題が解決されるかどうかは、議論の分かれるところである。ともかく、この語はいまやそんなにも古めかしい響きを持つようになったのであるから、よく考え直さなければならない。

いずれにせよ神が懲罰を下し処刑する裁判官として呼びかけられる箇所の、あるいは神自身が自らをそのような者であると告げ知らせる箇所の前後の多くには、情動性が混じりこんでいる。祈り手による「処刑の願望」もまた、まさにたがが外れた感情の爆発である。なぜならそこでは、苦しむ者が受けた傷の全体が、そしてまた「神と世界」への疑念が言葉にされているからである。それゆえ、公開の場で遂行される裁判は、裁き手・復讐する者・救い手である神についての表現が何を意味するのかを示唆する、単なる一類似物でしかない。つまり、祈り手が神に訴え神に信頼するのは本質的に次のことを前提としているからである。すなわち、神にとって不正は神自身に直接関わる問題であること、実にそれによって神自身が問われるということ、そして神が「その名のゆえに」正義を実現しなければならないことを前提としているのである。その限りでは神は、他の権力から独立した裁判所の手続きの一環とは似ても似つかぬものである。裁判所の手続きは問題となる出来事には関与せず中立であるはずだからである。まさに神が生きている神であるからこそ、祈り手は遠くから神を挑発し、敵対するグループを押さえ込むために神が動くように働きかける。神はただ単に裁き手としての職務を果たすだけでなく、神自身が法廷闘争に参加することが求められている。

まさにそうであるがゆえに、この神は当然とおぼしき処罰を断念するこ

ともできる——しかもたとえすでに判決と刑罰が宣告された後であっても。これこそが『ヨナ書』の神学的使信である。それは、祈り手が望んでいるかどうかにかかわらず、主に向けられる処罰や殲滅を求める・あ・ら・ゆ・る願いが服すべき神学的原則である。神に行動を迫る叫び「トゥア・レス・アジトゥル」（Tua res agitur. ラテン語「あなたの問題です」）は幅広い事柄に当てはまる。すなわち、神が自分の問題として取り組むべきことには、神が裁くときに「罪人を死なせるのではなく、その罪から回心させ生かす」（エゼキエル 18:23、33:11 参照）ということも含まれる。

　これを手がかりにすれば、神の怒りに関する言葉も理解することができる。神の怒りについての語りは、一方では、自身の世界及び民に対する神の権限を神話的・擬人的な言語あるいはイメージの世界によって強調している。この怒りは彼の「嫉妬深さ」と密接な関係にあり、この嫉妬深さにおいて神は自らと自らが神であることを自身の民と世界に結びつけているのである。他方で、神の怒りは政治的・法的範疇であり、聖書の契約概念と密接に関連する。エジプト学者ヤン・アスマン（Jan Assmann）は神の怒りというイスラエルに特徴的なこの範疇をこのように説明する。

　　この怒りは政治的な激情に固有のものである。怒りは主を目覚めさせ、
　　イスラエルに対して自らが引き受けた王としての役割を果たさせる。従
　　来、「荒れ野の魔物」が怒り狂うような非理性的な怒りと思われがちで
　　あったがそうではなく、まったく反対に、正義という高度の文化的理念
　　がこの怒りを制御する。それは救うために介入する裁き手の怒り、属国
　　の王たちに向けられる統治者の怒りである。偶像崇拝と抑圧が神の怒り
　　を呼び起こす。これら二つは神と結んだ盟約に背く違反である。偶像崇
　　拝は他の主人に仕えるという離反を意味し、盟約を結ぶ際に交わした契
　　約に違反する。また抑圧は人を解放する律法に背を向けることを意味し、
　　神が定める法秩序に違反する。
　　神の怒りについてのこの政治的意味づけは古代にまで遡る。ラクタン

ティウス（Lactantius）はまるまる一巻の書物を費やして、神の怒りについて論じた[8]。問題は、当時の考え方によれば、神に激情があるかどうかという考察にあった。「激情」に当たるギリシャ語「パトス」（pathos）は同時に「苦しみ」も意味する。ギリシャ人のとらえ方によれば激情は苦難を受けるものであり、その本質からして「受動的」なものである。すると、神は苦しむことができるのだろうか。古代の哲学的唯一神論、とくにストア派の唯一神論は神が絶対的に完全なものであるという前提から、神が苦しむことはできないとした。ラクタンティウスはこれに反論し、怒りは「本質」（natura）に属するものではなく「役割」に属するもの、つまり、神の統治権（imperium）ないし領有権（dominium）に属するものであり、神がすべてを維持し、救い、正義を実現するために世界に関わる仕方の一つの形態を言い表すものであるとした。怒りと憐れみは互いに関係し合い、両者は神の世界との関わりという考え方から論理的に必然なものとして導き出される。神にはこの激情がないというなら、神が世界と関わることを否定し、神を「暇な神」（deus otiosus）のひとりにしてしまうことになり、そのような神には祈りが届かないことになる。怒りを知らない神には祭儀（Kult）の必要も無い。すなわち、「畏怖の無いところに宗教はあり得ない」（religio esse non potest ubi metus nullus est）。怒りと愛そして憐れみは神が行う裁き手の職務に属するものであり、世界を維持するために無くてはならないものである。

（中略）神は政治と無関係なのではない。この命題はあらゆる政治神学が認める基本である。この点ではエジプト人とイスラエル人もまたまったく一致する。相違は次の点である。すなわちエジプトでは、神——ここでは普通単数形が用いられる——はその支配権を、つまり、統治者として裁き手として世界と関わる役割を王に委ね、王がこの役割を体現す

8　（訳注）Lactantius（紀元後317年頃没）, »De ira dei«（神の怒りについて）。

るが、他方イスラエルでは、神が自ら直接にこの役割を担う[9]。

　詩編が「あなたの怒りを私の／私たちの敵の上に注いでください」と呼びかけるとき、現代人の反感と拒絶を呼び覚ますことになるかもしれない。怒りの範疇が宗教史のなかでどこに由来するのか、そしてイスラエル特有のものは何なのかが現代人の目には隠されているからである。しかし神の怒りを消し去ってしまうなら、聖書の神を被造世界に無関心な傍観者、あるいは「暇な神」(deus otiosus) のひとりにしてしまう。そしてその結果神は、社会批判の可能性がまったく欠落した神に関する一つの理念となってしまう。

　「懲罰の神」や「神の怒り」という表現は困惑させ反感を呼び起こすものだが、こういった表現は何よりもまず社会と世界の状況が暴力行為に満ち堕落していることについて何かを語る言葉である。そして、このような状況は神によって与えられたものではないこと、それを神によって与えられたものだとして当然視したり黙認してはならないことを語る言葉である。人間がそうしてはならないのは言うまでもないが、神自身も同じだということ──「敵に関する詩編」はこれを思い起こさせようとするものであるはずである。

ダイナミックな世界のイメージか現実の世界観か

　神の裁きを求めて告訴し、神は自身の民と世界に責任がある、と訴える背後には、ダイナミックな世界のイメージがある。すなわち、創造と諸民族の生は混沌（カオス）と秩序（コスモス）との間でどこまでも揺れ動くものと「考える」世界のイメージである。しかしながら聖書の考え方では、

9　J. Assmann, Politische Theologie zwischen Ägypten und Israel, München 1992, 85–87. 93.

混沌と秩序とが二元論の意味で同じ価値をもった現実ではない。とは言え、混沌は暴力を振るう力であり、混沌から「創造物」が創り出される（創世記1章、知恵11:17–18参照）のも確かである。そうだ、主自身が混沌を創造したという考えさえもある（イザヤ45:7、箴言8:23–24参照）。この混沌は永久的に秩序（コスモス）の周囲を取り囲み、その中に入り込んで支配するが、しかし主はこの混沌と戦い（イザヤ51:9–10、詩編74編、89編、ヨブ26:12–13参照）、これを支配する（詩編46編、48編、93編、104編参照）。この混沌に関する理解をイスラエルは周りの世界と共有しているが、同時にイスラエル固有の意識も存在していた。それは聖書の言葉によれば神がすべてに秩序を与え、善いものとして創造した世界であるはずなのに、それを疑わせるような現実を日々経験するという困惑の意識である。他方でこの現実の世界観は、まさに、神への祈りとして形作られた詩編をとおして、人格的創造主である神という概念に基づいて混沌（カオス）と秩序（コスモス）の戦いを神に促すよすがとなる。

　このような詩編は混沌に対する人間の戦い——しかも神に対する戦いであり神と共にする戦い——の一つの形態なのである。それらは教義をこねくり回す省察の結論でもなければ、（高尚であれ低俗であれ）倫理的な志操でもない。祈り手の不安、祈り手が置かれた状況——祈り手自身が目の当たりにしているか、異なったものとして受け止めている状況——を映し出し、言葉にして表現したものである。そのなかで祈り手は、熱情溢れる確信、つまり、現実の状況は祈り手が信じ希望をかける神の真実と矛盾しているという確信を表現する。これらの詩編は神を混沌との戦いへと出陣するようそそのかすことを意図している。その目的で、様式史的には「誓約儀式」（Beschwörungsritual）に由来する「敵への呪い」も用いられる。「敵への呪い」の持つ（ほとんど）魔術的な力によって「悪しきもの」を脅かし、創造し癒す力を発動しようとするのである。とりわけ意図しているのは、これを用いて神自身を「予備役」から召集することである。

　神に対し、あからさまに出陣を挑発すること、また、そこに表現されて

いる確信、つまり神は歴史と社会のなかで働かねばならないという確信が、おそらく、これらの詩編がキリスト教に投げかける挑戦の本質であろう。キリスト教における神への信仰では、救いが歴史と関わる可能性が顧みられなくなり、救いを個人的・霊的なレベルに限定し彼岸へと追い払ってしまっている。この点において、敵に関する詩編が歌い上げる耳の痛い響きは、キリスト教をその構造的な「神の認知症」という心地よく加減された惰眠から目覚めさせることができるだろう。

　このような詩編を特徴づけるダイナミックな世界のイメージが魔術的・神話的なものに由来するとしても（ちなみに、詩編の用いるイメージのほうが進歩していると誤解してはならないのだが）、そして多くの限界もいっしょに持ち込んだとしても、日常生活における実践への「貢献度」はどんなに高く評価してもしきれない。私はそれを特に以下の4点に見ている。

　（1）これらの詩編で「敵」が混沌の代表者であるとしても、また敵の働きが、神の創造した秩序ある世界に対抗する勢力や不可思議な社会的暴力のイメージをもって描かれるとしても、これらの「敵」を神話や魔物として理解してはならない。例えば詩編58編が混沌（カオス）と秩序（コスモス）との戦いを神々の闘争として表現しているところでさえ、神は天から地上に介入するとされ、社会の具体的現実と結びつけられている（前述3章の「詩編58編　公正と正義を求める叫び」、105頁以下を参照してほしい）。そこにこれらの詩編の現実的な世界観が示される。暴力の詩編は、暴力のメカニズムが具体的な人間や組織から生じる行動や戦略であることを暴き出す。しばしば過激なイメージを使って、公然のものであれ覆い隠されたものであれ暴力を引き起こす恐怖を名指しする。それゆえこれらの詩編は、抑圧し破壊する暴力を無害だと過小評価あるいは無視するよう誘惑する心の傾きに対抗するために必要不可欠な「棘」なのである。

　（2）詩編の祈り手が暴力を告発するのは、自らが直接暴力によって圧迫されたり脅かされる場合に限らない。生きとし生けるものの家である

大地が暴力によって構造的に、かつ神に背く仕方で混乱させられている
のを暴露する場合もある。そうすることで詩編の祈り手は、あまりにも
熱心に幸せや解放を約束するあらゆるイデオロギーからもその魔力を奪
い去る。

　（3）これらの詩編は暴力の捕獲網に気付くよう働きかけ、またそれに
気付かせることができる。暴力の捕獲網とは、弱い立場の人々や病人、苦
難の中にある人、そして試練に遭っている人の敵となるか、その人々に敵
だと受け止められる状況のことである。不安や苦難の中にいる人々がその
体験を具体的な言葉にするとき、その苦難は祭儀と社会の日常の中心に位
置づけられる。その言葉は苦難を敏感に感受し表現する。この苦難への感
受性は、聖書的信仰心にとって、そうだ、聖書に基づく生き方そのものに
とって本質的なものである。キリスト教がこれらの詩編に教えを請わなけ
ればならないこと、またなぜそうであるのかについて、ヨハン・バプティ
スト・メッツ（Johann Baptist Metz）はミュンスター大学での最終講義で、
自身の主義主張を次のように要約して説明している。

　　過去数年の間私は繰り返し自問してきた。キリスト教（因みにそれは唯
　一の唯一神論的高等宗教だが）が神学となったときに、一体何がキリスト
　教に生じたのだろうか、と。その際に私を導いたのはキリスト教が概
　念を欠いて未分化の状態にもどることへの関心ではなかった。私にと
　っては単純化した関係性ではなく、キリスト教の神学化のあり方におい
　て、キリスト教が言語的・倫理的に時代の要請に応えるために今必要で
　ある何かが、追いやられ、忘れられ、あるいは等閑視されたのではない
　かということが重要であった。私の考えでは、キリスト教はその神学化
　の過程で苦しみへの感受性あるいは――神学的に言えば――神義論への
　感受性を失った。つまり罪無くして苦しむ人々にとっての正義を問う問
　いに動揺させられるということが無くなった。それと同時に時間への感
　受性を失った。つまり、「いつまで（待たなければならないのか）。マラナ
　タ！」という時間の終わりを問う問いに動揺させられることがなくなっ

た。これら二つの喪失は別物ではなく一つの喪失の両面であるのだが、通例、この喪失は喪失とはみなされず、むしろ勝利、まさに神学的理性の勝利であるとされる。つまりキリスト教の中にあるユダヤ的伝統に対する勝利であるとされる。私の目には、そのような考え方は、現代のキリスト教が時代の要請に応じる能力を危機に晒す根源となっていると映るのだが、——繰り返して言うが——キリスト教の他の教会的危機と比べて二次的とされる。

キリスト教が神について語る言葉から、苦しみへの感受性が失われた。始めから今まで、キリスト教神学は罪無くして苦しむ人々のための正義への問いという、自分を動揺させる問いに触れないようにしてきた。それは、そのような問いを罪人の救済への問いにすり替える方法によってであった。神義論の問い、つまり世界が、神が創造した世界が、理不尽な苦しみの歴史であるのはなぜかという神への問いは、救済論の領域に迷い込み、救済論として解決された。それが悪い帰結をもたらさなかったわけではない。しかしキリスト教は、苦難にどう対処するかを教えることよりは、罪をどのようにして避けるかを教えることに力を注ぐようになり、こうして苦しみに敏感なキリスト教は罪に敏感なキリスト教となった。主要な関心は被造物の苦難ではなく、その罪にあった。キリスト教神学は何よりも罪悪感と罪への恐れを発見させる手段となった。正しい人が蒙る苦しみという問題を敏感に感じ取る感覚を麻痺させ、神は世界全体を包括する正義を成し遂げすべての飢えと渇きを癒す、という聖書の展望（Vision）を陰に隠した[10]。

(4) 敵に関する詩編において、他者の不幸を目の前にして、その苦難に深く心を痛めた祈り手は、自分自身の神への呼びかけの中にその感情を表現する。そして他者の苦難に直面して祈り手は、自分自身が暴力の

10　J. B. Metz, Gotteskrise. Versuch zur »geistigen Situation der Zeit«, in: ders. u. a., Diagnosen zur Zeit, Düsseldorf 1994, 84 f.

捕獲網の共犯者ではないかという問いが自分に突きつけられているのを感じないではいられない。しかもそれは罪に関する倫理的範疇を優先するのではなく、神学的範疇、つまり正義と生命に満ちた神の国を妨げるものについての問いである。それによって敵に関する詩編は、不正義や苦難に自分は責任がないという根拠のない思い込みを阻み、とりわけその詩編のなかで繰り返し現れる「いつまで？　何のために？」という問いによって祈り手自身を「時」の完成を願う切なる祈りへと駆り立てる。それは極めてユダヤ教的な主の祈り——「御国が来ますように！」——に要約されている。

詩的な祈り

　詩編全体について言えるのは、敵に関する詩編においてもそれ固有の仕方で考慮し、味わわれねばならないということだ。すなわち敵に関する詩編もまた詩であり、多種多様なイメージの言語のなかで、またそれによっていのちを吹き込まれているからである。それらの詩編はイメージの言語を用いて体験を詩として表現し、その体験を深みにおいて、そして、いつまでも活き活きとしたものとして伝えようとする。同様に、さまざまな不安や苦痛を劇的に心揺さぶる仕方で歌うばかりでなく、敵の暴力の残酷さと暴力の悪循環を断ち切る神の介入への希望を描き嘆願する。詩や文学そして絵画に親しんでいる人なら、詩編を詩として読むことは難しくない。しかし一般に広まっているキリスト教の祈禱文のほとんどが詩ではないため、祈禱文の影響をどっぷりと受けて目が曇っている人は、詩編を詩として読むということに敏感にならねばならず、自由にそのような〔詩として読む〕読み方ができるようになる必要がある。とりわけ重要なのは、その文化史的宗教史的背景を知ることによってはじめて多くのイメージを深く解明できるということである。それゆえこのイメージの世界の「中を見る」、つまり洞察しなければならない。すなわち、他の詩に接するように

詩編に接するということだ。

詩編が用いるイメージを詩的な表現手段として理解し、イメージの中に閉じ込められているさまざまな体験や希望を呼び覚ますには、単にイメージの意味する内容だけを理解するのに留まっていてはならない。イメージの形態が詩を構成する技法の一つだと気付くことが重要である。イメージされている姿（Bildgestalt）をその構成上の技法の中においても捉えることが重要である。時には個々のイメージがそれぞれ独立して活用されることもある。あるいは、イメージを並べたり混ぜ合わせたりするコラージュが用いられることもある。イメージをコラージュしたり連ね合わせて、緊張に満ちまさにショックを与えるという技法である。しかし、大抵の場合、一つの詩の根底にはただ一つの大きなイメージがあり、その上にイメージ言語と概念言語とが芸術的に混じり合わされている。イメージの技法が個々の詩編のなかでそれぞれにユニークな仕方で用いられているとしても——この点に詩の力と魅力とがあるのだが——、詩を味わう者にはいつも不意に新たな姿を現すであろう。すなわち、詩編はまさにそのイメージ言語によって生に伴うさまざまな具体的な事象に開かれ、暴力と苦しみに対する戦いに取り組むため日々新たに求められる力を生み出す。そして、神を戦いへと引き出す祈りとなる。

敵に関する詩編はとりわけ、その中に形作られている破壊的なイメージと建設的なイメージの間にある緊張によって活き活きとしたものになる。そこでは不安のイメージと希望のイメージとが緊密に編み合わされていて、このイメージの世界に私たちが浸ると治癒的な力が働き始めるように仕組まれている。詩編の言語のこの側面があるからこそ、詩を深層心理学的に解釈することができるのである。

不安のイメージは私たちが見る夢と非常によく似ている。すなわち、「嵩を増す水、泥沼に沈む、干ばつや焼け付くような喉の渇き、つまずきや転落、咬み裂こうとする野獣や恐ろしい敵……。しかしそれらは私たちが見る夢の移ろいやすい形態よりも次の点で優れている。すなわちそれらは夢とは異なり一貫性をもったものであり、印象深くまた長く記憶に残る

173

ものである。そしてまた客観的で冷静な分析にも耐える。私たちの夢と同様、私たちの不安や願望を直接に言及している詩編のイメージはまさに記号なのである。（中略）それは言語による記号であって、次のように特徴を言い表すことができるだろう。すなわちそれは外的な体験の実際のあり方を私たちの内的イメージの世界とを時を超えて結びつける。それと同時にあれやこれやの現実を指し示すことで、両者を意味の上で一緒に留め置く」[11]。これらのイメージにより私たちが未だそれと自覚しない根源的な不安を言葉化することが可能になり、不安からその破壊的な力を奪い取ることができるようになる。「敵についての言葉は自分自身が持つ不安についての言葉以外の何ものでもない。私の敵とはその意味を突き詰めれば、私を不安がらせる者であり、またその逆でもある。すなわち私が不安を覚える場所で、私は自分が——人間の敵であれ人間を超えた敵であれ——敵に取り囲まれていると思うのである。実に、私は自分の不安自体を投影することで敵を作り出すことがある。しかしそれが思い込みではなく真の不安であれば、次のように言い表す以外に方法はない。すなわち、人はすべての情熱を傾けて不安から解放される道を探し求める、言い換えれば、不安の原因となるものからの解放を探し求める、と」[12]。

　まさしくこのことが詩編において何度も原イメージを用いることで行われる。原イメージが持つ癒しと解放の力は、一方で神の行為を表現するものであるが、他方で祈る主体が自立することを助けるということによって、強められる。敵に関する詩編は、人が恐れに主体的に対処できるように導く道筋として読むことができるのである。神は恐怖に駆られている祈り手の足をしっかりとした土地に立たせ、広々としたところへと導き出し、祈り手を取り巻く闇を明るく照らし、良質の水源から水をくみ上げる釣瓶のように祈り手を他者のために引き上げる——このイメージこそ、混乱をもたらす恐怖の中にあって人を正しい道へと向かわせ

11　I. Baldermann, Einführung 100 f.

12　I. Baldermann, Einführung 91.

ることができる。

　いわゆる「復讐の詩編」が詩的な祈りであるということによって、それらの詩編は単なる不快感を催すだけのうめき声からも、宣伝を目的とするレトリックからも区別される。詩であることによって、これらの詩編の多くは、バランスのとれた思慮深さを保っている。真の芸術作品は真実を直接表現するものであり、嫌みな生々しさとも、型どおりで結局は何も言い表さないマンネリズムとも異なる。これらの詩編が持つ詩としての力は、とりわけ嘆きと苦難の訴えに現れる。しかし私たちのキリスト教的な祈りの文学において嘆きはほとんど姿を消してしまっているので、多くのキリスト者が嘆きの詩編や苦難の訴えの詩編が理解できないとしても、驚くに値しない。まさにイエスが神に向けて苦難を訴える詩編作者の言葉をそのままに――「私の神よ、なぜあなたは私を見捨てられたのか」（詩編 22:2、マルコ 15:34）――口ずさみつつ死んだというのに！　多くのキリスト者は、そして、教会権威の下にある典礼学者たちは、私たちの祈りの文化から嘆きを追い払い、かつてマルティン・ルターが見て取っていたことに従っているようである。

　　キリストに起こっていることを、一つ一つそのまま私たちに当てはめたとすれば、それは神の冒瀆と不平不満ということになるだろう。他方キリストにとっては、私たちによる神への冒瀆や不平不満のすべてに同じように現れている人間としての弱さの吐露に他ならなかった[13]。

　しかし、まさにマルコ福音書の受難物語が描くイエスの十字架上の死のありさまは、このことと矛盾している。むしろ嘆きを「人間としての権利」そのものとして書き込んでいる。イエスの嘆きへの答えとして、百人隊長にこう言わせている。「本当に、この人は神の子だった」（マルコ

13　M. Luther, Von wahrer und falscher Frömmigkeit. Auslegungen des 5. und 22. Psalms, Stuttgart 1977, 150.

15:39)。受難物語のなかで、イエスの死の場面は首尾一貫して詩編 22 編冒頭の嘆きの叫び（2 節）に向けて構成されて、マルコ 15 章の引用のもととなる詩編 22 編の要素（例えば詩編 22:2, 8, 19）が末尾で賛美（詩編 22:23 以下）へと向かうのとは逆方向である。これに気付けば、マルコがまさに詩編 22 編の希望に満ちた結びを消し去ろうとしていることが明らかになる[14]。すなわちマルコ 15 章は、それに特徴的な色彩を与えている見方、つまりイエスは「苦しむ義人」であるという見方を背景としている。そのため、イエスの口に置かれた詩編 22:2 は、神は義人を見捨てるのかという神の正義を問う嘆きに答えがないことを嘆く言葉として響く。そこから、あらゆることが正義の神を疑わせる状況のなかで、神に苦難を訴えつつ、神にしっかりと留まるときに「本当に、この人は神の子だった」（マルコ 15:39）という答えへと導かれるのである。

　詩的な祈りとしての「復讐の詩編」は、あらゆることが神と敵対しているところで、神に情熱的にしっかりと留まることを示すものである。それゆえ、熱情の詩編という名称もふさわしい。その中には神を求める熱情が燃えたぎっているからだ。しかもそれは神への疑いと人間への絶望という灰に囲まれても燃えているのである。これらの詩編は、悪そのものと邪悪な者たちとが最終的に歴史を決定づけるものであってはならない、なぜならこの世界と歴史は神のものだから、という切なる思いの表現なのだ。そうであれば、これらの詩編は——神学の専門用語で言えば——現在化された神義論である。つまり、これらの詩編は神こそが正しいと認め、神に最終的な決定を委ねるのである。危機状態の嘆きを神に委ねるばかりでなく、危機状態の元凶となるものへの裁きも委ねる。

14　詩編 22 編は（マルコ 15 章で）逆方向に「再生されている」。つまり詩編 22:19 はマルコ 15:24 に引用され、詩編 22:9 はマルコ 15:30–31 に取り入れられている。さらに詩編 22:8 はマルコ 15:29 に適用され、詩編 22:2 はマルコ 15:34 に翻訳され引用される。この動きに基づけば、（十字架上のイエスの言葉に）詩編 22 編の希望に満ちた結びの言葉を同時に聞くべきだとは言えない。また、マルコ 15:37 の「イエスは大声で叫び、息を引き取った」という言葉もまたそのような見解を否定する。

神にすべてについての決定だけではなく、憎しみの感情や攻撃性までも、神に委ねるのである。

これらの詩編は、激しい感受性や感情の動きを抑えた人間の心穏やかな雰囲気から生まれるものではない。まったくその正反対である。すなわち、これらの詩編は、聖書の根底を貫くあの確信を真摯に受け止める。つまり、祈りが私たちの父であり母である神だけに話しかけるものであるとすれば、祈りのなかですべてを、本当にすべてを話しかけてよい、という確信である。恐怖の感情を抑圧したり、攻撃性を抑えつけるだけでは、暴力性を克服することができないどころか、むしろそれを強めてしまう。このことを私たちは心理学から学ぶに至った。

そこで重要なのは、恐怖や攻撃性を感じながら生きることを学ぶということである。そうすることで恐怖や攻撃性を自覚し、その破壊力に抵抗することになるのだ。詩編はそれを抑制するのではなく、むしろ神の前でそれを言い表し、それを神の手に委ねる。不正や罪は愛に矛盾するものであるがゆえに、人は不正や罪に苦しむ。そうであればこそ神に向かって叫ぶ。叫びに応えて神が暴力と人間の軽視を終わらせ、その結果人の具体的な出会いにおいて連帯と愛を生きることが妨げられなくなるように、と。嘆きを激しい言葉で神にぶつける「熱意の詩編」を祈る人は、神がすべてを決定すること、神の正義よりも神の愛が優るということに目を閉ざすことなく、深い信頼をもってしっかりと見つめる。暴力の詩編を不快と感じる人にはこのようなことはほとんど理解できない。

暴力の詩編は紛れもなく、ギュンター・アイヒ（Günter Eich〔1907–72年。旧西ドイツの詩人〕）がそのラジオ番組『夢』のなかで言及した歌である。

　　無益なことを行え。その歌はこう歌う。
　　それはあなたたちの口には期待できない歌だ。
　　気分を逆なでしろ。砂のようであれ。
　　世界の歯車の潤滑油になるな。

この歌を歌う人は、変化を求める叫び、涙のない世界への憧れのメロディーとして歌う。しかも大抵は、涙のない世界などとうていあり得ないという憂鬱な気分で歌う。それゆえ抗議と抵抗の歌となる。何にも関わろうとしない自己満足と能天気な神への服従という生き方を歌う弱々しいメロディー〔賛美歌など〕を打ち砕く。「熱意の詩編」の歌は、私たちが空疎でありきたりの生き方に沈みこんでしまわないように守ってくれる——まさに、けたたましく響いて驚愕させる音調が醸し出すイメージによって。

復讐の詩編——神の啓示？

敵に関する詩編を理解できるようにとここまで述べてきたことの大半は、同調者が得られると思う。しかし（宗教自体の暴力性という）根本的な問題が残されている。極端な苦難や無力さの状況にある人間であれば、はるかに強力な敵に直面するという危機のなかで叫び声を上げ、敵が害を受けるどころか滅ぼされるようにと願うのは仕方が無いことだし、場合によってはそうしてもよい。私たち人間皆を支配する人間的な限界とその帰結の表現だからである。だが、詩編のなかでそのような表現がなされるとき、問題は深刻になる。神が神であることを暴力によって証明するようにと、神を促しているからである。しかも神がそのようにして神が神であることを証明することが、私たちが神の啓示と呼んでいる聖書の中に記されている。そしてまたそのような祈りが神の名によって勧められている。このような事に対して、批判的にものごとを考えるキリスト教神学だけでもせめて強い抗議の声を上げるべきではないだろうか。三千年紀への敷居[15]を越えようとしている私たちは、いよいよ、暴力の潜

15　（訳注）教皇ヨハネ・パウロ2世の使徒的書簡『紀元2000年の到来』（1994年〔翻

在能力を最小化するために全力を挙げるべきではないだろうか。今こそ、少なくとも人類の主要な宗教がそれぞれの伝統にある暴力的な視点をすべて自己批判して白日に晒し、それぞれの公的文書のなかで、首尾一貫した非暴力によってその暴力的な視点を制御するべき絶好の時機ではなかろうか。

　最後に残ったこれらの問いをもって、一つの事がすでに明らかとなる。すなわち、これはユダヤ教に固有の問題ではないし、暴力的視点というユダヤ教の遺産から自分たちはまだ十分に解放されてはいないというキリスト教の苦しまぎれの言い訳は通用しない、ということである。暴力の詩編に関して言えば、そのような詩編を「キリスト教に劣る」もの、「非キリスト教的な」もの、「前キリスト教的な」ものとして退けるあらゆる立場が持つ意識的・無意識的な偏見に基づく言い訳である（これについては上述の１章の「キリスト教の名においてなされる抗議と拒絶」、33 頁以下を参照してほしい）。「暴力ないし暴力の神は旧約聖書、ユダヤ教」に、そして「非暴力ないし非暴力の神は新約聖書、キリスト教」に、と振り分けるのは、聖書の本文に根拠がなく、歴史にも合致しない。それなのにこのような愚昧な紋切り型の考えがいまだにまかり通っているとは、ただただ驚くほかない。その新しい変種が（もっともマルキオンがとっくの昔に作った命題の焼き直しでしかないのだが）、今も次のように主張する神学者によって広められている。つまり、新約聖書の中にある暴力の発言——その中にはイエス自身の口に上った言葉もあるのだが——は、どれも典型的な旧約聖書的・ユダヤ教的な表現であって、イエスの本来の使信に新約聖書の著者たちが上塗りしたものなのだから、（それらを排除して）キリスト教を最終的に「非ユダヤ化」しなければならない、という主張である [16]。あるいは、暴力の放棄と愛という「新しいぶどう酒」は、

訳は 1995 年 5 月 15 日、カトリック中央協議会発行］）を意識した表現。教皇は新しい千年紀を迎えるに際して教会が犯した誤りを謝罪した。

16　この「新マルキオン主義」への反論は、E. Zenger, Am Fuß des Sinai 20–27 を参照してほしい。

4章　敵に関する詩編・復讐の詩編の解釈

ユダヤ人である弟子たちがイエスを包み込んだ「古い革袋」から解放しなければならない、という主張である[17]。

　一方で、旧約対新約、あるいはイエス対ユダヤ教という形における対立は、聖書の本文に矛盾している。また他方で、聖書に存在する暴力についての本文は暴力に批判的な聖書箇所と対立関係にあり、しかも暴力に批判的な箇所はただ新約聖書の中だけでなく（おそらくむしろ特徴的なのは）第一の契約の書（いわゆる旧約聖書）の中に存在する。これらのことが、この問題に私たちがより近くアプローチするための出発点となる。それと同時に、す・べ・て・の宗教にある宗教と暴力という問題を提起する。

　新約聖書も旧約聖書も共に、神の暴力とともに暴力の終わりをも願い求める。このことが私たちに次の神学的な根本真理を思い起こさせる。すなわち、聖書は神が言葉によって直接伝えたという意味での啓示ではなく、「人間の言語による神の言葉」[18]なのである。この根本原則は聖書本文の解

17　この関連での「新しい」ぶどう酒という紋切り型を根絶するのがいかに困難かは、V. ホウンダーの著作（V. Hounder, Die Psalmen. これはいろいろな意味で貢献すること大である）が示している。その結論部分を引用すると、「呪いの本文（imprekatorischen Texte）は聖書の構成要素である。それによって、私たちが神の言葉として神聖視する信仰の内容が形成される。しかしながら、私たちはそれをどう理解したらよいのだろうか。聖書を救いの歴史の観点から見るときに、それはどこに位置づけられるのだろうか。それは端的に言って霊感による書物であるので、時間を超えているのだろうか。聖書が主張することは時間や状況に条件付けられたものであって、とくに『時の充満』においては相対化されるべきだ、というような主張——とりわけイエスがそう明言しているのだから——に直面して、私たちの心は揺り動かされる。いつもイエスの言葉が記憶に上ってくる。新しいぶどう酒は新しい革袋の中に入れるべきだ、と」（同書 188 頁）。このしばしば引用されるイエスのロギオン（語録）（マタイ 9:16–17 参照）が本来言いたかったことは、古い革袋——こちらのほうが値打ちがある——に、まだ発酵途中の未熟成ぶどう酒を入れないように、ということである。そのようなことをすれば勿論、未熟成のぶどう酒は古い革袋を破裂させ、溢れだしてしまう。因みに、ルカ 5:39 でイエスは、古いぶどう酒のほうが新しい未熟成のぶどう酒よりも優れていると明言している。

18　これに関しては教皇立聖書委員会が新たに公表した文書『教会における聖書解釈』（1993 年）において詳しく論じられていて、注目に値する。

釈に関して広範囲に及ぶ帰結をもたらすものである。

　基本的な帰結は、聖書原理主義者がするような聖書の暴力的な本文の解釈法は排除される、ということである。そのような解釈は二通りの仕方で（しかも互いに矛盾対立している仕方で）行われる。一方では聖書原理主義者が持っている啓示理解に基づいて、すべての本文はどれも同じく規範的であるとして擁護する（「神の言葉はそのままにしておけ」）。しかしその一方で、聖書が「神の啓示」という主張に合致しないという理由で、聖書本文の特定の箇所を「切除」しなければならない、ともされる。このような聖書原理主義者的な聖書の見方に基づけば、第一の契約の書からも新約聖書からも、大量の本文を切除しなければならない、ということになってしまう。その例を三つ挙げよう。

　パウロが『コリントの信徒への手紙一』で結婚について論じていることは（それは多くの神学者が何世紀にも亘ってキリスト教的規範として主張し、教会教導職の公文書が〔そこから〕「霊感（インスピレーション）を受けて」きたことなのだが）、「言葉通り」には神の言葉として決して受け入れることができない。すなわち、

　　そちらから書いてよこしたことについて言えば、男は女に触れない方がよい。しかし、みだらな行いを避けるために、男はめいめい自分の妻を持ち、また、女はめいめい自分の夫を持ちなさい。夫は妻に、その務めを果たし、同様に妻も夫にその務めを果たしなさい。妻は自分の体を意のままにする権利を持たず、夫がそれを持っています。同じように、夫も自分の体を意のままにする権利を持たず、妻がそれを持っているのです。互いに相手を拒んではいけません。ただ、納得しあったうえで、専ら祈りに時を過ごすためにしばらく別れ、また一緒になるというなら話は別です。あなたがたが自分を抑制する力がないのに乗じて、サタンが誘惑しないともかぎらないからです。もっとも、わたしは、そうしても差し支えないと言うのであって、そうしなさい、と命じるつもりはありません。わたしとしては、皆がわたしのように独りでいてほしい。しか

し、人はそれぞれ神から賜物をいただいているのですから、人によって
生き方が違います。　　　　　　　　　　　　　　　　　（Ⅰコリント 7:1–7）

　これと同様に、聖書原理主義者の啓示理解においては、第一の契約の書
にある多くの戦争の本文や殲滅を指示する本文からは、「啓示」というラ
ベルを剥奪しなければならないとされる（たとえそのような本文が教会の歴
史において、とりわけ、南アフリカやラテン・アメリカでの宣教活動に伴って、
聖書的・神的な「掟」として使われ、これらの大陸にあった元々の宗教に震撼
すべき結果をもたらしたとしても――むしろ「もたらしたから」と言うべきか
――）。そのささやかな例として、申命記 7 章を引用しよう。そこでは、
何と、イスラエルに注がれる神の「愛」が同時に、震撼すべき殲滅の幻想
と結ばれているのだ。

　あなたが行って所有する土地に、あなたの神、主があなたを導き入
れ、多くの民、すなわちあなたにまさる数と力を持つ七つの民、ヘト人、
ギルガシ人、アモリ人、カナン人、ペリジ人、ヒビ人、エブス人をあ
なたの前から追い払い、あなたの意のままにあしらわせ、あなたが
彼らを撃つときは、彼らを必ず滅ぼし尽くさねばならない。彼らと協
定を結んではならず、彼らを憐れんではならない。彼らと縁組みをし、
あなたの娘をその息子に嫁がせたり、娘をあなたの息子の嫁に迎えた
りしてはならない。あなたの息子を引き離して私に背かせ、彼らはつ
いに他の神々に仕えるようになり、主の怒りがあなたたちに対して燃え、
主はあなたを速やかに滅ぼされるからである。あなたのなすべきこと
は、彼らの祭壇を倒し、石柱を砕き、アシェラの像を粉々にし、偶像
を火で焼き払うことである。
　あなたの神、主があなたに渡される諸国の民をことごとく滅ぼし、彼
らに憐れみをかけてはならない。彼らの神に仕えてはならない。それ
はあなたを捕らえる罠となる。　　　　　　　　　　（申命記 7:1–5, 16）

復讐の詩編──神の啓示？

　第三の例は、聖書の本文が聖書原理主義者の言う意味での、言葉通りに啓示された神の言葉ではありえないことを明らかにするものである。再び新約聖書から引用しよう。パウロはⅡコリント 3:4–4:6 で、いわゆる旧約聖書とりわけ出エジプト記 34:29–35 の物語に関して、対立するユダヤ人キリスト者と論争する。そこでパウロが述べる旧約聖書の解釈は啓示の権威を持つものではなく、むしろ善意に基づく敬虔な嘘[19]と解釈すべきである。しかし、敬虔な嘘であっても、啓示の権威と同じ決定的な影響を及ぼす。

　このような希望を抱いているので、わたしたちは確信に満ちあふれてふるまっており、モーセが、消え去るべきものの最後をイスラエルの子らに見られまいとして、自分の顔に覆いを掛けたようなことはしません。しかし、彼らの考えは鈍くなってしまいました。今日に至るまで、古い契約が読まれる際に、この覆いは除かれずに掛かったままなのです。それはキリストにおいて取り除かれるものだからです。このため、今日に至るまでモーセの書が読まれるときは、いつでも彼らの心には覆いが掛かっています。しかし、主の方に向き直れば、覆いは取り去られます。　　　　　　　　　（Ⅱコリント 3:12–16。傍点は原著による）

───────────

19　説明は H.-J. Klauck, 2. Korintherbrief (NEB.NT 8), Würzburg 1986 を参照してほしい。同書 39 頁に次のように記されている。「モーセの顔を覆う覆いは、宗教史的に見れば、古代オリエントの祭司が被る仮面に由来するものである。それを被る祭司は、聖所から出てくるとき、神の役割を身にまとい、神の代わりとして託宣を告げ知らせる。この慣わしがまさに出エジプト記 34 章において非難され、正反対のものへと転換される。モーセは神の言葉を告げ知らせて後に、改めて聖所に入る前に、顔に覆いをかける。顔の輝きが消え失せるとは、旧約聖書には言われていない（Ⅱコリント 3:13 参照）。しかしこれこそが、パウロが意図する聖書解釈の結論である。モーセは、栄光がただ短い時間だけ保たれるに過ぎないという事実を覆い隠した──そもそもこのように翻訳するなら、敬虔な嘘という作戦の意味で理解できる。パウロは（モーセが隠した事実を）暴露しようとしているのである」。

これら三つの聖書箇所に神学的に責任ある取り組みをするには、何をよく考えるべきなのだろうか。聖書原理主義者の聖書絶対主義に背を向けた上で、これらの箇所（そして聖書全体も！）を神の啓示として聞くことができるだろうか。私には次の五つの観点が重要であり、決して放棄してはならないものと思われる。

（1）聖書本文の啓示としての尊厳を守ろうとして、いまだに広く流布している進化論的な啓示モデルに頼ることは意味がない。進化論的な啓示モデルとは、いわゆる旧約聖書中に存在する問題ありと受け止められる聖書箇所は啓示のまさに未発達の段階を反映したものであり、新約によって克服されたとするものである。しかし聖書箇所自体がこのモデルと矛盾していることは、上に引用した新約聖書の二つの箇所が証明している。旧約聖書の雅歌や創世記 2:4b–25 のふさわしい解釈は、Ⅰコリント 7:1–7 に基づいて広まっている神学的に受容可能な性と結婚に関する見解と両立しないと、果たして主張できるだろうか。否、むしろ聖書の個別の箇所はそれぞれ、私たちが現在聖書の基本的な使信として耳を傾けているものから遠かったり近かったりと、非常に多様である。このことは私たちキリスト者の聖書の両方の部分（つまり旧約聖書と新約聖書の両方）で同様に当てはまる事実である。

（2）聖書本文が啓示であるかどうかという議論を始める前に、私たちは歴史批判の助けを借りて、本文が成立したその時代に聞き手ないし読者に語ろうとしたことが何であったかを理解しようと努めなければならない。それは時間に左右されない絶対的な真理として表明されたわけではなく、むしろ非常に特定の社会的、宗教史的状況のなかで表明されたものなのである。聖書本文が作られた起源における状況と現在の状況とを共に考察する場合にのみ、聖書本文は理解できる。このことは聖書のすべての本文に、そしてまた私たちにとってあまり扱いやすくないと思える本文に当てはまる [20]。

---

20 「神は愛である」（Ⅰヨハネ 4:8, 16）のような最も重要な文でさえ、文脈のなかで

（3）聖書本文は常に聖書全体ないし正典全体のほんの一部分でしかない。前に引用した三つの箇所の例を他の聖書本文と比較して、矛盾が存在したり少なくとも大幅な限定が必要だと判明するとしても問題にならない。そこから言えるのは、個々の聖書本文を絶対化してはならず、同じ主題に関わる他の本文と常に対話するべきだ、ということである。方法論的に言えば、聖書の本文は正典の一部として耳を傾けるべきである。同じ主題に関わる聖書本文は互いに互いを解釈し合う。聖書本文の一部分が言い表せることは限られており、その十全たる意味（sensus plenior）は、個々の本文の著者が意図した意味を越えるものである。それは、全体としての聖書から定まる。

（4）個々の本文の意味は、信仰のそして生活の共同体という文脈からも明らかになる。この共同体によって、この共同体のために、聖書本文は正典として認められたからである。それゆえ同一の本文がユダヤ教とキリスト教とで異なる啓示としての価値を持つということもあり得る。そして時代や場所が異なれば、聖書本文が伝達する真理もまた、それぞれに異なった強調点を持つこともあり得る。それゆえ、聖書本文の啓示としての特質を考察する場合には、影響史と受容史を考えに入れなければならない。ユダヤ教とキリスト教のそれぞれの歴史のなかで個々の聖書本文はそれぞれ異なる仕方で影響を与え、あるいは受容されてきているからである。申命記7章やⅡコリント3:4-4:6のような個別の聖書本文は、特定の状況のなかで共同体を構成しあるいはそれを解放するものであったとしても、全体としてみればそれらの聖書本文を受容することによって共同体は破壊的な影響をうけることになった。しかしこの否定的な受容史においてでさえその影響はこれらの聖書本文の啓示としての次元に属していて、それを積極的に構成しているのである。

（5）　厳密に受け止めれば、聖書の個々の本文が神の啓示であるわけで

しか「真理」ではない。キリスト教の歴史から知られることだが、この文が「非・真理」となったことは稀ではなかった。

はないので、聖書は諸啓示の集合体であり、天から降った永遠の諸真理の集合体である、というのは正しくない。全体としての聖書だけが神の啓示である。言い換えれば、それは次の出来事について書き記し、再現するものである。その出来事とは、神がその民イスラエルと教会、個々の人間と世界全体を自らに直面させる出来事である。それによって彼らが自分自身を把握し、自分たちの歩みが神との交わりへと向かうものであることを把握し始める。それがユダヤ教とキリスト教の聖書で実現するような啓示なのである。つまり、「私たちが神について経験するとき、私たちは自らを理解することを学び、真の人間であることを学ぶ」[21]。聖書は、非常に異なった神の証しを互いに提供し合い、神を探し求めるという魅力的なプロセスに私たちを巻きこむ。それは、人間に呼びかける神、人間を慰める神によって人間が枷から解放され神を探し求めてゆくプロセスである。それゆえ、聖書を神の啓示として受け取るとは、聖書の個々の本文との対話であり、神を探し求める道を辿ることであり、決して終わることがない。ユルゲン・ヴェルビック（Jürgen Werbick）はこのプロセスが何かについて次のように記している。

　神の自己啓示の中に開示され、切り開かれ、私たちに課せられる道の魅力が、信仰の確信を形成している。神を探し求める者に神は自らを見出させるという確信、そうだ、神は神を探し求める人と共に探し求めるという確信、救いをもたらす神の支配がどのように人間のもとに到来し、どのように人間を変え得るのかを、神は人間と共に人間のそばで探し求め試みるのだ、という確信である。神を神と共に探し求め、それを神と共に模索する。このことは一つの冒険である。なぜなら探し求めるものを人はまだ手に入れていないからである。しかし人は探し求め、さらに問い続ける。なぜならすでに見出したからである。そして人が見出したものが、喜びに満ちた確信、平静な確信、人を魅了

21　L. Baeck, Das Wesen des Judentums (1906), Wiesbaden ^{7}o. J., 31.

する確信を根拠づける。その確信とは、探し求め続けることは、そして、模索しつづけることは良いことだ、という確信である。これこそが愛の基本法なのである[22]。

これら五つの考察を背景として、復讐の詩編は多様で異なる文脈のなかで異なる役割を担いつつ、聖書の啓示のダイナミズムに参与する。復讐の詩編は、日常的な暴力による恐怖を無害化しようとしたり無視しようとしたりするどのような誘惑にも抵抗する。そしてまた暴力に苦しむ人間を周縁に追いやったり、例えば公式の典礼においてその苦しみを霊的意味に転化して目をそらそうとする神学の傾向に抵抗する。このように抵抗しつつ、復讐の詩編は私たちを暴力の現実に直面させ、とりわけ、暴力による苦難を引き起こすものへの問いに、そして神の裁きによる処罰に、私たちを直面させる。その際に私たちに（罪を）認めさせることも稀ではない。私た・ち・自身が暴力的であり、詩編のなかで嘆きの的となっている苦難の原因者の仲間である、と認めるよう強いるのである。復讐の詩編が神の啓示であるのは次の場合である。つまりこれらの詩編のなかで神自身が、私たちに自分たちの世界には苦難があるという事実をある意味でぶつけるときである。そのような苦難の状況下では、苦しむ人にとって復讐の詩編は彼に残された最後のもの——抗議として、告発として、助けを求める叫びとして——なのである。これらの詩編を唱えるのが暴力の犠牲者であるなら、そのような状況において復讐の詩編は当然正当なものとされる。しかし暴力を振るう者が唱えるなら神への冒瀆となるのは自ずと明らかだ——復讐の詩編を唱えることで自らを神の裁きの下に委ねたいという態度を表明するなら別だが……。

それゆえ、復讐の詩編にはいくつもの啓示の次元が存在する。しかもそれらを聖書から排除することは許されない。

22　J. Werbick, Der Streit um den »Begriff« der Offenbarung und die fundamentalistische Versuchung der Theologie, in: ders. (Hrsg.), Offenbarungsanspruch und fundamentalistische Versuchung (QD 129), Freiburg 1991, 32 f.

（1）復讐の詩編は、あまりに苛酷な苦難に晒されて沈黙や無感情に陥ることから——それどころか自らが、受け止めきれない神の怒りを宥めるいけにえの雄羊にされていると感じることから——暴力の犠牲者たちを守ることができる。神と共に神に対抗して正義を求めて戦うときに、彼らは神に関する問いに安易な答えを出すのではなく、むしろその問いを未解決のままにして残す。現実とはこういうものだという答え、苦しむ人にとって不利な答えを拒絶するのである。

（2）復讐の詩編は、人間が共に生きる現実における暴力の潜在性を暴露し、変革と救いを求めて叫び声を上げる。挑発的で衝撃的なイメージを使って挑発しつづけ、どこまでも人に不快感を与え続ける。世界が敵対的で暴力的であることを体験している者の嘆きは、神は善い神だというような語りや調和と救いを求める人間の憧れを安易に肯定する人々にとって不快きわまりない。挑発し不快感を引き起こすのは、これら復讐の詩編ではない。むしろ人間とその世界が不快感を催す存在である。人間とその世界がそのようなものであるがゆえに、復讐の詩編が必要なのである。これらの詩編のなかで神自らが、この不快感に直面させられるのだ。

（3）復讐の詩編が聖書本文の一部をなすものであるのと同様に、暴力に対抗する暴力と戦い、暴力を超克するための道として暴力放棄について語る聖書の他の本文も存在する。それどころか、神の国、神による正義と平和の支配の到来によって敵対そのものが終わるだろうと夢見る本文もある。このような「反・暴力・本文（暴力に反対するテキスト）」は新約聖書の中に限られてはいない。むしろ「旧約」ないし第一の契約の中に多数見出される。これらの本文もまた、もしも社会変革の力を有するとすれば、その状況の文脈の中で読まれなければならず、そのなかで生かされなければならない。特に聖書の「暴力に関する本文」と直面するときには。

以上で示した考察によって、無批判的なものであれ批判的なものであれ聖書原理主義は克服されるということが十分明らかになったと思う。

神の啓示としての聖書が生の多面性、多層性を神に直面させるものだとすれば、聖書の個々の本文にある複雑さを捨象することなく、聖書の正典全体のなかで活き活きと保たなければならない。

5章　実践のための帰結

典礼の祈りにおいて嘆きをとりもどす

　敵に関する詩編は、私たちを暴力に、すなわち日常的で構造的な暴力に直面させる。すでに述べてきたとおり（4章の「復讐の詩編——神の啓示？」、178頁以下を参照してほしい）、このことこそが神の啓示としてこれらの詩編が果たす役割なのである。それと同時に、これらの詩編は暴力に対し「否」と言うことを私たちに学ばせ、さらに暴力と敵対を過小評価しようとする社会の傾向に抵抗させるという役割も担っている。そのことについて臨床心理士のウド・ラオホフライシュ（Udo Rauchfleisch）が次のように説明している。

　この主題について日常性という側面からアプローチするなら、私たちは突然に、そしてきっと驚きを伴って、一つのことに気付かされる。すなわち暴力が決して、いつも他人事で済ませられる「とある何か」などではない、ということだ。思いもよらないことだが、私たち自身が、それぞれ違った仕方ではあるが、暴力の被害者であるばかりでなく、暴力の加害者でもある、という事実に直面させられる。（中略）私たちが暴力

のない世界をどんなに憧れようとも、そのような世界を夢見ることには
ほとんど現実味がないと言うべきだろう。私たちは次のことから出発し
なければならない。すなわち、攻撃性は人間の根深いところに備わった
もので、それが人間を作り上げていると同時に人間を破壊するものでも
あるということ、そして、それゆえ私たちは、自分自身と隣人における
内なる暴力を常に計算に入れなければならないということである。しか
しながら、私たちはこのような暴力にまったく支配されるがままという
わけではない。私たちにはさまざまな可能性があり、暴力とさまざまな
仕方で関わり、その破壊的な動きを早期に認識することで最悪の事態を
防ぐなど、さまざまな可能性がある。より早く暴力的傾向に気付けるな
ら、それだけ暴力の現象に敏感になる——それが最も重要なことである。
すなわち、私たち自身の中に眠っている暴力性によりよく気付ける、と
いうことである。（中略）暴力は私たちの背後に隠れ、私たちを脅迫する。
それどころか私たちの生を占拠し、私たちを暴力に隷属するよう強いる
までになっている。しかしそれでも私たちは、この破壊する力にどっぷ
り浸かっている世界の中にあって、よりよい未来のヴィジョンを保ち続
ける。そうすることで私たちは、燃えさかる暴力の炎の代わりに、少な
くとも希望のかすかな煌めきを活き活きと保つことができるであろう[1]。

　聖書の中の敵に関する詩編は、暴力を客観的に分析することで暴力に対
抗するのではなく、嘆きと告発という形で対抗する。しかも暴力の破壊性
を嘆いたり、暴力行為の告発によるばかりでなく、神に向かって激しい熱
意で問い直すという仕方によっても暴力に対抗する。より正確には、いわ
ゆる神義論の問題に直面することによって神を告発するのである。敵に関
する詩編は人間存在が破滅的に崩壊していること、そして隅々まで苦しみ
が染みついた世界に閉じ込められていることを描き出すだけでなく、その
ような世界を受忍させられる現実をやむにやまれず拒絶しつづける。しか

1　U. Rauchfleisch, Allgegenwart von Gewalt, Göttingen 1992, 8, 242–244.

も神自身に対する拒絶を嘆きつつ告発しつつ、神にぶつける。この観点からすれば、敵に関する詩編は最も篤い祈りなのである。すべてが神を否定していると思えるところでもなお、神に向ける祈りである。すべてが神を否定するところで、祈り手は、神に向かってすべてを語りかける。

聖書にある敵に関する詩編に秘められた力を理解するために、私たちは典礼の祈りに改めて嘆きの祈りを取り戻さなければならない。オトマー・フックス（Ottmar Fuchs〔1945 年生まれ。ドイツ・テュービンゲン大学カトリック神学部教授。2014 年引退〕）は 1987 年に「嘆き——忘れられた祈りの形」という論文で、私たちが現在行っている祈りの実践や祈りの神学について興味深い分析を行い、その数年前にプロテスタントの組織神学者オスヴァルト・バイエル（Oswald Bayer〔1939 年生まれ。ドイツ・テュービンゲン大学福音主義神学部教授〕）が示したものと同様の結論を得ている。

教会の最も古い時代から嘆きは典礼から排除され、キリスト者の日々の祈りでも避けられてきた。嘆きが自然に口に上るときにも、祈りの形にならない。そしてついには、神学の考察の対象としてはまったく顧みられなくなってしまっている。イスラエルの詩編を根源的な祈りとして受け取ったとき、実は教会は嘆きを消し去ったわけではなかった。しかしそれが持つ根本的な意義を典礼や神学においてまったく考慮に入れてこなかった。今日に至るまで嘆きは教義神学や倫理神学を特徴付ける主要なテーマとなってはおらず、規範となる神学手引書や神学辞典の概念体系から欠落したままである [2]。

私たちの典礼の実践に変革をもたらすであろう重要な点が、ここに述べられている。私たちは典礼のなかで嘆きの詩編を唱えてはいるが、それを神への嘆きとしてあるいは神を告発する歌として唱えているわけではない。なぜならこのような形の祈りはそもそも典礼で使えないとされているから

2 　O. Bayer, Erhörte Klage: NZSTh 25, 1983, 260.

であり、神を告発する祈りなどそもそもキリスト教の祈りとしてはまともな形ではないとされているからである。フックスは先の論文で次のことを指摘している。すなわち、ドイツのカトリック教会で用いられる祈りと聖歌を集めた『神の賛美』（»Gotteslob«）には「個人の祈り」という章があるが[3]、そこには嘆きの祈りが収録されていない。

> なぜ、そしてどこから、この躊躇が生じるのだろうか。なぜ教会は嘆きの祈りという祈禱文を定めたり、そのような祈りを唱えることを認め（教会の公式祈禱書の中に採用し）ないのだろうか。嘆きという祈りもまた神と人とを霊的に結ぶ一つの形だということを、教会が公認したり、推奨しようとしないのはなぜだろうか。祈り自体はそれぞれに固有の危機的状況と、それに対する祈り手の反応とを言い表しているにしても、あまりに早く信頼の祈りへと移ってしまう。何でもかんでも堪え忍びますという恭順の祈りとなってしまうのである。このような祈りは全体として嘆きを霞ませ、気持ちを宥めがちであり、答えを求める攻撃的な問いかけや嘆きを許そうとしない。それどころか、衝突を避けようとするあまり、まさにこのような神との対決を押さえつけ、覆い隠そうとする。しかし、祈りから嘆きが欠落しているのは、苦しむ人々が置かれている状況に対する誠実さに欠けるばかりでなく、聖書の祈りの様式を真面目に受け取らないことでもあるのだ[4]。

それゆえ重要なのは、嘆きを必要不可欠で正当な祈りの形態として、再び典礼において復活させるということである。それを実現する場としてプロテスタントの組織神学者オスヴァルト・バイエルは、特に典礼における二つの場面を提案している。カトリックの感謝の祭儀（ミサ）においても

3　Gotteslob, S. 17-42.

4　O. Fuchs, Klage. Eine vergessene Gebetsform, in: H. Becker / B. Einig / P.-O. Ullrich (Hrsg.), Im Angesicht des Todes. Ein interdisziplinäres Kompendium II, St. Ottilien 1987, 944.

同じ改善が焦眉の課題であり、きっぱりと決断して嘆きを新たによみがえらせなければならない。

　教会とは、そもそもすべての人々との連帯に心を砕くからこそ教会なのである。その連帯は問いかけや嘆きと無関係なのではない。イエス・キリストによって集められた共同体は、イスラエルの詩編の問いかけや嘆きを用いることによって、この連帯に最もよく至ることができる。それを神学的考察と典礼の実践において首尾一貫して実現しなければならない。とりわけ「キリエ」（ミサ中の「主よ、憐れみたまえ」）の祈りにおいて、つまり深き淵よりの叫びにおいて、そして「とりなしの祈り」（Fürbittengebet）[5]において、実現しなければならないのである[6]。

　嘆きを新たにとりもどすことができれば、先に私たちがメッツ（J. B. Metz）を引用して批判したこと（4章の「ダイナミックな世界のイメージか現実の世界観か」、167頁以下を参照してほしい）、つまりキリスト教は、何よりも罪への敏感さを優先するあまり、苦難への感受性を押し殺すものに変質してしまったという批判を撤回することができるだろう。ミサの冒頭で行われる、いわゆる「一般的罪の告白」[7]を、ただ単に罪を犯したために陥った危機状況を嘆くだけでなく、希望を失った人や病人、迫害を受けている人や死に直面している人の危機状況と苦難を嘆くものに改めればよいし、そこで聖書の嘆きの詩編を用いるのがよいかもしれない。そしてそれと同様に、いわゆる「とりなしの祈り」（Fürbittengebet）の言葉を首尾一貫して神義論的問いかけとして形作るなら、思いもよらないほどの神学的な深みをもった祈りになるだろうに。私たちが苦難の嘆きが祈りであるのを体得できさえすれば、つまり、他の人々の苦難に耳を傾け連帯して嘆き

5　（訳注）ミサの「共同祈願」。

6　O. Bayer, Erhörte Klage 271.

7　（訳注）共同体が一般形式によって行う回心の祈り（『ローマ・ミサ典礼書の総則［暫定版］』カトリック中央協議会、2004年刊、51番参照）。

5章　実践のための帰結

の声を上げることができるようになれば、聖書にある敵に関する詩編が実は神の真実を巡る苦闘の表明なのだと理解できるようになるだろう。それゆえ私は、ボンの司牧神学者ゴットフリート・ビッター（Gottfried Bitter）の意見にまったく賛成だ、ということを強調したい。

　私自身と私たちの教会共同体が嘆きの祈りを再びとりもどすようにと、私は願う。私たちのあからさまな無関心に抵抗を示し、神に向かって恐怖で何も言えないという受け身の態度を打ち破らなければならない。このような恐ろしい神に、そして私たち自身の無力なプロテストに、私たちは幻滅させられてきたからだ[8]。

その詩が歌われた状況を理解した上で詩編を用いる

　詩編は全体として「詩的な祈り」であるが、とりわけ敵に関する詩編はそうである（4章の「詩的な祈り」、172頁以下を参照してほしい）。敵に関する詩編を典礼でどのように用いればよいかという問いへの帰結もここから来る。もちろん詩編はそれをもって祈る人一人ひとりを黙想へと導き、自発的で直感的な心の動きを引き起こす。詩編が引き起こす反応は、祈る人それぞれの置かれた状況やその人自身のあり方に応じて大いに異なる。しかし詩編が共同体の祈りとして唱えられるときには（例えば『教会の祈り』[Stundengebet] や感謝の祭儀 [ミサ] の場で）、詩編がどのようなものかを前もって理解し、典礼のなかでふさわしく朗読することが必要である。詩編を前もって理解するのは、器楽演奏に喩えれば「練習」は、詩編が詩であること——つまりイメージによる言語と詩の形式的構成——に敏感にな

8　G. Bitter, Wie kann ein ohnmächtiger Glaube wieder lebenskräftig werden?: Lebendiges Zeugnis 39, 1984, 60.

ることに始まる。そのための前提は、①詩編を詩として翻訳すること、そして——詩編以外の詩のすべてに当てはまることだが——②イメージを忠実に文字化して、詩編の構造、つまり祈りの動的な展開を再現することである。ドイツ語圏で用いられている『統一訳聖書』(Einheitsübersetzung)はこれら二つの必要条件を満たしていない。

　詩編を「演奏する」、つまり、典礼で詩編を朗読したり歌ったりするには準備が必要であり、慎重の上に慎重を重ねて行わなければならない。『教会の祈り』(Stundengebet)で用いることになっている「向かい合った二つの歌隊(gegenchörige)による交唱」では、嘆きの詩編にも希望を告白する詩編にも同じメロディーを用いるよう定められているために、ふさわしい歌い方にならない。私の考えでは、詩編の本体は聖歌隊が歌うのがふさわしい。会衆は、詩編の構造に則したふさわしい区切りに挿入される章句（あるいは「先唱句」[Antiphon]）を歌うか唱えるのがよい。会衆が歌う詩編の章句あるいは交唱句によって、その教会共同体が置かれた状況に詩編が神の啓示として響くことになる（4章の「復讐の詩編——神の啓示？」、178頁以下を参照してほしい）。

　詩編を詩として理解するという観点からすれば、個々の詩編章句を省略したり、それによって「芸術作品」としての詩編を破壊するようなことは許されない。そのことはすでに総論的に考察してきた（2章の「無視する、あるいは修正する」、55頁以下を参照してほしい）。また詩編139編と詩編137編については（3章のそれぞれの議論、96頁以下と127頁以下を参照してほしい）詩編の本文から根拠づけた。教会共同体においては極めて限られた詩編にしか親しめないというのが司牧の現場の現実である。しかも特別なおもんぱかりによって詩編を取捨選択するということが当然視されている。気分をかき乱すような響きを持つ本文を選び出して隔離するというのは、司牧的に意味あることではなく、神学的に正当化されることでもない。私の考えでは、「教会教導職」による公式の『教会の祈り』からいかなる個々の詩編も削除されてはならないし、そうする必要もない。

　もっとも次のようなことは許されるであろう。つまりいくつかのイメー

ジが与える意味論的なショック（semantische Schock）を和らげること、そして、誤った意味連関を呼び起こすことが受容美学の観点からも明らかに認められるいくつかの表現を修正することである。例えば、典礼で用いる本文は意訳し、脚注で逐語訳を示して説明する、という風にする。それを二つの例を用いて説明しよう。

詩編137:7–9は実際、意味論的なショックを与える箇所だが、その逐語訳は次の通りである。

7a節　思い起こしてください、主よ、エドムの子らを
7b節　エルサレムの日に。
7c節　彼らは話した。「取り壊せ、取り壊せ
7d節　その土台まで！」
8a節　バビロンの娘よ、お前、暴力的な者よ。
8b節　幸いだ、お前に仕返しする者は
8c節　お前が私たちにしたお前の行為を！
9a節　幸いだ、捕らえ、粉砕する者は
9b節　お前の子らを岩石で！

すでに示した説明に基づいて、私はこのやっかいな詩編の章句を次のように翻訳する（3章の「詩編137編　無力な者に残されたもの」、127頁以下を参照してほしい）。この翻訳は原文に非常に近いものである。

8a節　バビロンの娘よ、お前、暴力を振るう者よ。
8b節　幸いだ。お前を裁きの場に引き出す者は
8c節　お前が私たちに行ったお前の行いのゆえに。
9a節　幸いだ。お前を捕らえる者は
9b節　そしてお前の支配を永遠に終わらせる者は。

典礼で用いる場合に、詩編137編の全体を三部分に分けて唱えること

ができるだろう。つまり 1–3 節、4–6 節、7–9 節に分けるのである。会衆が歌う先唱句（Antiphon）は、この詩編が置かれた状況の関連を理解させるものであるべきで、それには 1 節 [9] がふさわしいだろう。

詩編 58:11 もまた意味論的ショックを与える箇所であるが（3 章の「詩編 58 編　公正と正義を求める叫び」を参照してほしい）、同じようにすればショックを和らげることができる。つまり意味内容がほとんど同じの他の比喩（Metapher）を選ぶのである。逐語訳は次の通りである。

11a 節　処罰（「報復」）を見るとき、正しい人は喜ぶがよい、
11b 節　彼がその足を邪悪な者たちの血に浸すとき。

ここで「剣を取る者は、自分自身の剣によって死ぬ」（マタイ 26:52 参照）という同害報復の望みが言われているが、それは不正に対し正義が貫徹されるように、という憧れの表現である。また、正義と不正とが擬人化され、「正しい人」と「邪悪な者」との間の対立として表現されている。典礼で用いる翻訳としては次のようなものが考えられる。

11a 節　正しい人は喜ぶことになる。正義が勝利を収めることを。
11b 節　いかにして邪悪な者たちの権力が壊滅するかを、彼が体験するとき。

言うまでもないことだが、人の気持ちを逆なでする力を敵に関する詩編から奪い取ってはならない。詩編にショックや棘が潜んでいることを意識させなければならない。そのような表現であるにもかかわらず救いを神学的に宣べ伝えていると説明するだけでは足りない。むしろまさにそのような表現によってこそ、暴力や苦難の表現に意味があることが宣べ伝えられるのだと意識させなければならない。そうできれば、これらの詩編の典礼

9　（訳注）「バビロンの流れのほとりに座り、シオンを思って、私たちは泣いた」。

の場での「演奏」が、破壊的な攻撃性を祭儀の場で抑制し、神の手に委ねるのに貢献することになる。

敵に関する詩編を正典として朗唱する

　敵に関する詩編は、神に関する教義学的教えでも聖書倫理の要約でもない。それは詩的な祈りであって、暴力を振るう者たちに向かってずけずけとものを言う。それは祈りであって、暴力の犠牲者を助けて彼らに正義を求める叫び、報復してくださる神への叫びを言葉化させる。また、彼らが人間としての尊厳をしっかりと保つのを助け、神に背く暴力に反対して抗議する祈りによって、敵や敵のイメージへの恐れを暴力に頼らずに堪え忍ばせる。詩編では復讐は神に委ねられるものとされる。そこには、人間が自分の裁量で復讐することはしない、という意味が含まれている。それもまた、敵に関する詩編が伝承された聖書全体の文脈なのである。

　それゆえ敵に関する詩編は、それが置かれているこの正典の相互関連（文脈）を知った上で朗唱しなければならない。つまり詩編の書全体の、そして聖書全体の文学作品としての関連性のなかで——神に関するあるいは神に向けられる多種多様な言葉はあたかも多声部の合唱のようであり、敵に関する詩編はその中の一つの声部であるから——敵に関する詩編を見て評価しなければならない。個別の詩編として、敵に関する詩編はそれに固有の状況的カイロス（時）を有している。すなわち、苦しむ人に嘆きを禁じるのは彼らに発言を禁じることであり、その結果人間としての根本的な行為を彼らに禁じることになる。他方、考慮すべきは、そもそも詩編の書というものが、嘆き、願い、賛美、感謝、絶望、知恵の黙想などの様式が混在する多彩な作品として作られていて、個々の詩編は互いに多様な仕方で関連し合っている、ということである。詩編の書に親しもうとするなら、人間の条件（condition humaine）についてのこの複雑な見方にも親しむ必要がある。そうすることで神と共にいる人間の生の深みや崇高さを歩

みとおすのである。正典の書における相互関係を理解して詩編を朗唱するとすれば、教会教導職による公式の『教会の祈り』においてそれほどまでに重視されている神学的考え、つまり他者に代わってする祈り、他者と連帯する祈りという考え[10]を具体的に守ることができるのではないだろうか。

正典の書の相互関連のなかで聖書の意味に注意を払うということから、典礼の実践において二つの結論が導き出される。

(1) 敵に関する詩編を典礼で「演奏する」場合には、詩編をそれが今実際に (de facto) 置かれている正典における前後関係とふさわしく結びつけて捉えるのがよい。詩編137編の暴力的な表現も、詩編136編から詩編137編へそして詩編138編へと続けて祈るとすれば、祈りのダイナミズムが展開されるであろう。「大ハレル」と呼ばれる詩編136編は、聖書にある神の啓示に関する基本的な言明のさまざまな形を、前もって告げる。

主を賛美して歌え、なぜなら彼は善いから。
そうだ、彼の保護は永遠に続く。
神々の神を賛美して歌え。
そうだ、彼の保護は永遠に続く。(詩編136:1–3)

イスラエルのこの原体験があるからこそ、苦難の体験を嘆く詩編137編が善なる神に向かってなぜそれほどまでに激しい表現で叫びを上げるのかが理解できるのである。「見知らぬ者の土地で」イスラエルは、善なる

---

10 （訳注）例えば『教会の祈り』の「総則」17番で、「教会は典礼において、神を賛美するばかりではなく、キリストを信じる者すべての願いと望みを言い表わし、さらに全世界の救いのためにキリストに、またキリストをとおして父に、取りなしの祈りをささげる。その声は教会の声だけではなくキリストの声でもある。祈りはキリストの名によって、すなわち『わたしたちの主イエズス・キリストによって』ささげられるからである。こうして教会はキリストが人として世におられたときにささげられ、それゆえに特別の効力をもっている祈りと懇願とを続けてゆく（以下省略）」とされている。

5章　実践のための帰結

神を歌う歌を、そもそも、プロテストの叫びとして、公正と正義への憧れの叫びとして歌う以外に何ができようか。そうだ。イスラエルは、その神ご自身が沈黙しておられるときにも、自らは沈黙しないでいられようか。

バビロンの水路で
そこで私たちは座り、そして泣いた。……
どうして私たちは主の歌を歌えただろうか
異国の土地の上で？（詩編 137:1, 4）

それに続いて詩編 138 編はイスラエルを代表して「ダビデ」が口を開き、モーセがイスラエルに告げ知らせた「シェマー・イスラエル」（イスラエルよ、聞け）の祈りを連想させる言葉を使って祈る。「シェマー・イスラエル」の祈りは次の通りである。

イスラエルよ、聞け。
主は私たちの神。
主は唯一。
それゆえあなたはあなたの神である主を愛さなければならない
あなたの心の全体をもって
そしてあなたの魂の全体をもって
そしてあなたの力の全体をもって。（申命記 6:4–5）

詩編 138 編の冒頭（1–2 節）はこの基本的な信仰告白を思い起こさせると同時に、詩編 136 編へと遡って 連関させる [11]。

---

11 （訳注）共通のキーワードにより二つの詩編 136 編と 138 編との間に相互に響き合う関係が作られる。すなわち、「賛美して歌う」（新共同訳は「感謝する」と訳出。136:1, 2、138:1, 2, 3）、「保護」（新共同訳は「慈しみ」と訳出。136:1、138:2）、「神々の神／神々の前で」（136:1、138:2）。本論で説明されているとおり、詩編 136 編で歌われているイスラエルにとっての救いの原体験、つまり主がいつまでもどのような状況に

ダビデの（詩）

私はあなたを賛美して歌おう、私の心の全体をもって、

（すべての）神々の前で私はあなたに、私の詩編を歌おう。

私はあなたの聖なる住まいに向かってひれ伏し、

私はあなたの名を賛美して歌う

あなたの保護のゆえに、そしてあなたの忠実のゆえに……

（2）正典の書における相互のつながりを考慮して詩編を祈るもう一つの形態は、そのまま受け取るのが困難な敵に関する詩編を、それと主題が連関している他の詩編と対比させるというものである。それによって、祈る共同体は詩編との祈りの対話へと引き入れられる。これを再び詩編137編を例として具体的に説明したい。敵の破滅を喜ぶ章句、すなわち「バビロンの娘よ。幸いだ、あなたの支配を終わらせる者は」（詩編137:8-9。先述の5章の「その詩が歌われた状況を理解した上で詩編を用いる」を参照してほしい）を、詩編87編に提案されているこれとは対照的な展望と突きあわせてみよう。詩編87編で「シオン」は生命と平和の中心となるばかりでなく、イスラエルにとって「正典的な」敵たち、つまりペリシテ人のよ

あってもイスラエルを守ってくださるという体験に基づく確信がある。だからこそ、詩編137編で歌われるもう一つの原体験、つまりエルサレムの滅びとバビロン捕囚という苦難（それがイスラエルの罪に引き寄せられたにせよ）にあってもなお神の保護と正義の回復を期待しつづけることができる、という体験へとつながっていく。そして詩編138編ではイスラエルを代表してダビデが現実の生き方が歌われる。つまり「シェマー」の祈りにあるように神の教えを忠実に守りつつ、「地上の王たち」が主の言葉を聞き、主の栄光を讃えるという終末的展望（138:4-5）に力づけられながら、イスラエルは生きる。その現実のなかで、すなわち、「低くされた者」（6節）が堪え忍ぶ日々の苦難のなかで、主がその民を保護することを止めないでくださいと願う。キーワードの連鎖により、詩編136編、137編、138編が相互に響き合っていること、そしてまた、詩編137編の復讐の章句（7-9節）がこの関連のなかで、とくに終末的展望と結びつけて解釈されるのがふさわしいことがわかる。

5章　実践のための帰結

うな、聖書に登場する敵の典型とされる諸民族、諸国民にとってもシオン
が中心となるはずだと言われる。

1a 節　　主は彼が創建したものを愛する

1b 節　　聖なる山々の上に。

2a 節　　主はシオンの門を愛する

2b 節　　ヤコブのすべての住居より以上に。

3a 節　　栄光に満ちたことを彼はあなたに関して、

3b 節　　あなた、神の町　　〔セラ〕

4a 節　　「私はエジプト〔新共同訳：ラハブ〕とバベル〔新共同訳：バビ
　　　　　ロン〕を賞賛する。

4b 節　　私を認める者のゆえに。

4c 節　　そうだ、ペリシテ人の土地もまた、

4d 節　　ティルスからエチオピアまで。

4e 節　　これとこれは同じ場所で生まれた。

5a 節　　だがシオンを私は母と名付ける。

5b 節　　一人ひとりは彼女のなかで生まれた。」

5c 節　　そして彼自身が、つまりいと高き御方が、彼女を支える。

6a 節　　主は民々の書の中に数える。

6b 節　　「これとこれは同じ場所で生まれた。」　〔セラ〕

7a 節　　そして彼らは輪をなして踊る。

7b 節　　「私の源はすべてあなたの中にある。」

　詩編 137 編と詩編 87 編を祈りのなかで対話のようにして朗唱するなら、
「復讐の神」という固定観念から人を解放し癒す祈りの力が発揮されるだ
ろう。これら二つの詩編の間で、人間が引き起こす暴力行為と神の非暴力
とが互いに突きあわされ、その結果、不正義や苦難をありふれたこととし

204

て軽視しないと同時に、すべてのものごとの最終的な決着は「いのちの神」に委ねられる。

新たな祈りの言語への促し

　J. B. メッツは、先に引用したミュンスター大学での最終講義で（4章の「ダイナミックな世界のイメージか現実の世界観か」、167頁以下を参照してほしい）、教会の危機——それは根本的に神の危機であるのだが——を目の前に据えて、今は失われてしまっている聖書的な言語を再びとりもどすようにと求める。

　基本的な危機には基本的な対処が求められる。私の提案は誤解の余地がないほど明らかというわけではない。一方にはあまりに厚かましいととられ、他方にはあまりに控えめだととられる。そもそも神学とはどこから生まれるのだろうか。神学は自らと他者を欺いてはならないし、神について語るものでなければならない——しかも神の危機の時代にあって、この時代のなかで神について語るのでなければならない。どこから神の語りは生まれるのだろうか。どこに根ざしているのだろうか。例えば枯渇しつつある伝統の言語のなかであろうか。あれやこれやの書物の言語にであろうか。あるいは書物の中の書物（聖書）の言語にということはないだろうか。教義あるいはそのほかの教会機関の言語にであろうか。私たちの時代の文学やフィクションに用いられるイメージ言語にであろうか。私たちが見る夢の不可思議なイメージ言語にであろうか。神についての語りはいつも神への祈りから生まれ、神学は祈りの言語から生まれる。こう言えば信心深く聞こえるし、日頃私を理解しようとしない人々から私はこう疑われることになる——政治神学を唱えるメッツがまた信心深いものへと方向転換し、信心深く服従するなんて、と。
　だが私たちは思い違いなどしない。祈りの言語はただ単に普遍的である

ばかりではない。神学の専門家たちが使う言語よりもはるかに緊張を内に孕みダイナミックで、非常に反逆的で過激である。はるかに物議を醸す言語であり、安易な慰めを与えず、折り合って丸く収めることもしない。私たちはまともに受け取ってきただろうか、何世紀にもわたる宗教史をとおして祈りの言語のなかで溜まりに溜まってきたことを（多神教の宗教においてさえ祈りの唯一神論が話題になるほどだ）。すなわち、叫びと賛美、嘆きと歌、絶望と悲嘆そしてすべてを閉じ込める沈黙を。私たちは教会や典礼で用いられる「手なずけられた」祈りの言語に頼りすぎてはいないだろうか。聖書の伝統から採られてはいるがあまりに偏った例文によって私たちは育てられてきたのではないか。「いつまで」というヨブの嘆き、神の使いと取っ組み合ったヤコブの戦い、「わが神よ、なぜ私を見捨てられるのか」という御子の嘆き、そして「マラナタ」（主よ、来てください）という新約聖書の最後の言葉はどうなのだ。これらの祈りの言語はプラトン的あるいは観念論的な言語よりも、はるかに抵抗する力を生むことができ、巧妙に振る舞ってやすやすと妥協することなく、簡単に忘れ去られることもない。プラトン的あるいは観念論的な言語は、自身を現代に通用するものとするために神学が採用した言語であるが、それを用いる限り神学は、いかなる破滅的事象あるいはいかなる非同一性[12]の経験に対しても、呆れかえるほどに固定化した言葉しか発することができなかった[13]。

　教会教導職が公認する祈りの多くには「人間」が登場しない。だから「神」も登場しない──祈禱文のなかで神に向かってどんなに力をこめて哀願しているとしても。私たちが用いる伝統的な典礼における言語は「アウシュヴィッツで」その純真無垢さを失ってしまったのだが、私たちは一

12　（訳注）テオドーア・アドルノ（1903-1969 年。ドイツ人哲学者、音楽家）が用いる概念。ナチスの抑圧に抵抗し新たな文化を形成するために「否定の弁証法」を提案した。

13　J. B. Metz, Gotteskrise 79 f.

向にそのことがわかっていない。果たして敵に関する詩編の棘は、誤った
キリスト教信仰から、つまり文字どおり何でもこれまでどおりで進んでい
けるという信仰の死の状態から私たちを目覚めさせてくれるだろうか。

訳者あとがき

本書は Erich Zenger, Ein Gott der Rache? Feindpsalmen verstehen（『復讐の神？ 敵に関する詩編を理解する』）の第 2 版（1998 年）による翻訳である。初出は Herder 社から 1994 年に出版され、いずれも Herder 社から出版された一連のコンパクトな詩編注解シリーズの Mit meinem Gott überspringe ich Mauern. Einführung in das Psalmenbuch（1987 年、『私の神と共に壁を飛び越える──詩編入門』）、Ich will die Morgenröte wecken. Psalmenauslegungen（1991 年、『私は曙を呼び覚まそう──詩編解釈』）、Dein Angesicht suche ich. Neue Psalmenauslegungen（1998 年、『私はあなたの御顔を探し求める──新たな詩編解釈』）と共に 2003 年に 4 分冊合本として再版され、さらに 2 分冊合本として 2011 年に再々版された（Psalmen Auslegungen『詩編解釈』）。なお同様の詩編注解書として Die Nacht wird leuchten wie der Tag. Psalmenauslegungen（1997 年、『夜は昼のように光り輝く──詩編解釈』）があり、いずれも幅広い読者層に向けて詩編の理解を深めるのに大いに寄与している。

ツェンガーの著作の訳出は本書が最初である。なお論文はすでに 4 本の翻訳が『神学ダイジェスト』（82 号、93 号、97 号、110 号。上智大学神学会神学ダイジェスト編集委員会刊）に掲載されている。ツェンガーは日本ではさほど知られていないため、ここに少々詳しく伝記を記載したい。

ツェンガーは、ルイス・アロンソ＝シェーケル（Luis Alonso-Schökel [1920–1998 年]）、ノルベルト・ローフィンク（Norbert Lohfink [1928 年生まれ]）と共に第二バチカン公会議を契機としたカトリックの聖書学ルネ

209

ッサンスを支えた旧約聖書の碩学である。1939年に南ドイツ・バイエルン州のドルンシュタインで生まれ、ギムナジウム卒業後に、近隣のアイヒシュテットの司教立神学校に入学した。当地の司教により派遣されて1958年から1965年にローマで勉学し、グレゴリアン大学で哲学と神学、教皇立聖書研究所で聖書学と古代オリエント学を修め、その間に司祭に叙階された。

ツェンガーが強い影響を受けたのは、第二バチカン公会議開催直後の1962年に行われた、ノルベルト・ローフィンク神父の博士論文公開審査（difesa）であった。「歴史批判的方法」が第二バチカン公会議においてようやく、カトリックの聖書学の研究方法として公認されるに至ったことを、その場に聴衆として参加していたツェンガーは感銘をもって実体験したのである。

ローマでの勉学の後、ハイデルベルクで研究を深め、そこでハンス・ヴァルター・ヴォルフ（Hans Walter Wolff）、ゲルハルト・フォン・ラート（Gerhard von Rad）に学んでいる。1971年からアイヒシュテットで旧約聖書教授、1973年から2004年までノルトライン・ヴェストファーレン州のミュンスター大学で旧約聖書教授を務めた。

ツェンガーの研究分野はまず第一に、モーセ五書、とくにシナイ啓示の歴史的・文学的背景の研究であった。ミュンスター大学の同僚ペーター・ヴァイマール（Peter Weimar）と宗教史と考古学の関心からイスラエルを度々訪問し、多くのユダヤ教聖書学者の知遇を得た。それがきっかけとなって、「旧約」聖書は新約と対峙するのではなく、兄弟として先立つ「私たちの第一の契約」であるととらえるようになる。「新約」の民の反ユダヤ主義への批判でもある。

ツェンガーの第二の研究分野は詩編であり、詩編に関する多くの著作をとおしてツェンガーは世界的に知られるようになった。フランク＝ロータール・ホスフェルト（Frank-Lothar Hossfeld）と共著で、シリーズ『新エヒター聖書』（Neue Echter Bibel）の中の詩編を担当した（1993年に詩編1〜50編の部分を出版）。この研究をきっかけに、さらに新たな批判版の翻

訳の必要性を感じ、『ヘルダー旧約聖書神学的註解』（Herders Theologischer Kommentar zum Alten Testament［HThKAT］）のシリーズを創刊し、このシリーズにおいて詩編51～100編註解（2000年刊）、詩編101～150編註解（2008年刊）を世に出している。なお詩編1～50編註解はツェンガーが2010年に帰天したため、ホスフェルトとヨハンネス・シュノックス（Johannes Schnocks）が刊行を準備している。

　ツェンガーが重視する詩編解釈の方法には「個々の詩編の解釈から詩編の書の解釈へ」という転換に特徴がある。本書『復讐の詩編をどう読むか』も同様であるが、緻密な分析に立脚しつつ、詩編150編全体を一つの文学作品としてとらえ、各詩編の前後関係に着目した解釈を重視するのである。個々の詩編はその前後の関連する詩編に結びつけることによって、より豊かな意味を持つことになる。それがB. チャイルズ（Brevard Childs）の「正典論的解釈法」（canonical criticism）と異なるのは、ツェンガーが「通時的解釈を反映させた共時的解釈」（diachronically reflected synchrony）を採るところにある。つまり私たちが手にする最終編集形態の聖書テキストから出発し、その背景のテキスト生成の歴史を吟味した上で、最終編集形態のテキストを統一的に解釈するという方法である。

　第三の研究分野は聖書テキストの影響史（Wirkungsgeschichte）である。歴史的編集段階を経て形成された聖書テキストは、それぞれの時代に固有の影響を及ぼしたものであり、歴史的起源のみならず、テキストの変遷の歴史もまた重要な意味を持つ。

　以上の研究分野の他にもツェンガーは精力的な著作活動を行っている。『旧約聖書緒論』（Einleitung in das Alten Testament, Stuttgart: 2008）、『シュトゥットガルト聖書研究』シリーズ（Stuttgarter Bibelstudien［SBS］）、『ヘルダー聖書研究』シリーズ（Herders Biblische Studien［HBS］）、『聖書ジャーナル』シリーズ（Biblische Zeitschrift［BZ］）の共同編集者としても長年貢献してきた。なおツェンガーの著作リストは『ヘルダー聖書研究』第44巻（Freiburg: 2004）674-693頁に掲載されている。

　ツェンガーはまた、カトリック司祭としても長年献身し、晩年に至るま

でミュンスターにある女子修道院のミサ司式を引き受けていたが、2010年復活祭の朝のミサ司式に来ず、自室で亡くなっているのが発見されることになった。70歳であった。

　聖書と暴力を主題にする著作や論考は数多く世に出されているが、ツェンガーが本書において主張することは非常にユニークである。また復讐や暴力に関する詩編という限定されたテキストに関する論考であるにもかかわらず、聖書全体に及ぶ暴力的テキストを理解する上である意味衝撃的な観点の転換を提案する。

　聖書中に存在する暴力的テキストの解釈は、その文書が成立した時代の宗教的限界として説明されることが多い。あるいは人間の心の奥底に根深く巣くっている暴力への傾向をえぐり出し、救いを必要としている人間性の現実を白日の下に晒す効果があると説明される。本書においてツェンガーはそのような合理的に「説明し去る」（原著では「棘を抜く」）例を数多く取り上げ、批判している。どのような説明にせよ、旧約聖書を聖書として認めず、新約によって克服された旧（ふる）い、あるいは劣った宗教的段階に止まっている作品という結論を避けられない、という批判である。

　しかしツェンガーは「私たちの第一の契約」と呼んで、旧約と新約の一体性を主張する。旧約聖書もまた神の御言葉であり、復讐あるいは暴力に関する詩編もまた神の御言葉として読まれなければならない。言い換えれば、暴虐や不正を「拭い去る」神と憐れみと赦しの神とをいかに調和させるかという難問に取り組まなければならないのである。本書においてツェンガーが指摘するのは、合理的説明をするよりはむしろ苦難の中で瀕死の苦しみを味わっている詩編の祈り手の心の叫びに耳を傾け、思いを一つにするときに初めてこのような詩編を真に理解できる、ということである。

　東京神学大学の小泉健先生には「『復讐の詩編をどう読むか』に寄せて」をご執筆いただき、ツェンガーが本書で深く考察している問題を論じると同時に、日本のキリスト教への鋭い問いかけをいただいた。著者ツェンガーはカトリックの聖書学者であるが、本書で論じられている問題は教

会・教派すべてに共通のものであることが、読者諸氏にご理解いただけることであろう。小泉先生に感謝申し上げたい。

詩編の唱詠は古代教会から今も引き継がれているキリスト教の伝統であり、カトリックでは日々のミサで必ず詩編が歌われる。すべての聖職者と観想修道会修道者は教会の祈り（時課の祈り）として詩編を唱える「義務」を公に負っており、信徒も朝の祈り（ラウデス）と夕の祈り（ヴェスペレ）を唱えるように勧められている。したがって詩編をいかに唱えるかは、他の誰よりも先にカトリックにとって決して疎かにはできない問題であり、本書も多くの紙幅を割いて論じている。とは言え、聖書の暴力的テキストと正面から取り組もうとするツェンガーの論考は、唯一神教であることが暴力性の原因だと論じられることもある日本の文化的土壌の中で、すべてのキリスト教徒にとって新たな視点を得る貴重な刺激となるだろう。

最後になりましたが、改めて「『復讐の詩編をどう読むか』に寄せて」をご執筆くださった小泉健先生、本書の翻訳の機会を与えてくださった日本キリスト教団出版局、また丁寧に訳文を点検し数多くの翻訳上の提案をくださった加藤愛美氏に感謝いたします。

2019 年 8 月 15 日

佐久間　勤

佐久間　勤
（さくま　つとむ）

1952 年兵庫県生まれ。教皇立聖書研究所修士課程修了、教皇立グレゴリアン大学博士課程修了。
神学博士。上智大学神学部教授（旧約聖書神学）、上智学院理事長。

〔論文・著書〕「ペドロ・ゴメスの『神学要綱』における聖書理論──その著者と源泉資料の分析結果の報告」（『カトリック研究』65 号、1996 年）、「旧約聖書といつくしみの神」（『神のいつくしみ──苦しみあわれむ神』所収、日本キリスト教団出版局、2017 年）、「和解をもたらす福音──ヨセフと兄弟たちの物語を読む」（『和解と交わりをめざして──宗教改革 500 年を記念して』所収、日本キリスト教団出版局、2018 年）他。
〔訳書〕J. L. スカ『聖書の物語論的読み方──新たな解釈へのアプローチ』（共訳、日本キリスト教団出版局、2013 年）他。

復讐の詩編をどう読むか

© 2019 佐久間 勤

2019年 9月25日　初版発行

著者　　E. ツェンガー
訳者　　佐久間 勤

発行　　日本キリスト教団出版局
　　　　〒 169-0051
　　　　東京都新宿区西早稲田 2-3-18
　　　　電話・営業 03（3204）0422
　　　　　　　編集 03（3204）0424
　　　　http://bp-uccj.jp/

印刷・製本　モリモト印刷

ISBN978-4-8184-1042-8　C1016　日キ販

Printed in Japan

日本キリスト教団出版局

聖書の物語論的読み方
新たな解釈へのアプローチ

J. L. スカ：著

佐久間 勤、石原 良明：訳

「時間」や「プロット」といった観点から、近代の小説分析方法を聖書の物語に適用する。聖書の文学的側面に着目し、物語に固有の表現方法を分析し、新たな解釈の可能性を示す。　A5判210頁／3000円

詩編を読もう上・下

広田 叔弘：著

詩編を読む「旅」のガイドブック。上巻では詩編の前半から、下巻では詩編の後半から20編を取り上げて解説。詩編のメッセージを汲み取るのは難しいと思う方にお勧めの書。　四六判224頁／2000円

〈現代聖書講座　第2巻〉
聖書学の方法と諸問題

荒井　献：監修　木田　献一：監修

青野　太潮：編集　木幡　藤子：編集

聖書とは何か。激変する聖書学が見つめる、歴史的・社会的背景、現代における意味、そしてその方法を、気鋭の聖書学者30余名が論述。

A5判450頁／5800円

和解と交わりをめざして
宗教改革500年を記念して
2017年上智大学神学部
夏期神学講習会講演集

片山はるひ、髙山貞美：編著

「分裂」とも見なされる宗教改革をカトリックとプロテスタントはどのように見つめるのか。和解や交わりについて、聖書、キリスト教の思想、教派を問わない霊性からそれらを鑑みる。四六判192頁／1800円

神のいつくしみ
苦しみあわれむ愛
2016年上智大学神学部
夏期神学講習会講演集

片山はるひ、髙山貞美：編著

暴力がはびこり、苦悩する人々の叫びが響きわたるこの現代世界にあって、どのようにいつくしみにあふれる神の愛を知り、伝えてゆくことができるのか。論文6本を収録。　四六判170頁／1800円

信とは何か
現代における〈いのち〉の泉
2013年上智大学神学部
夏期神学講習会講演集

宮本久雄、武田なほみ：編著

私たちは何を信じ、いかに「信」に自らを委ねることができるのか。そして、キリスト教の信仰とは何か。哲学、神学、他宗教の視点から「信」というテーマに挑む。

四六判344頁／2800円

価格は本体価格。重版の際に変わることがあります。
オンデマンド版書籍のご注文は出版局営業課（電話 03-3204-0422）までお願いいたします。